하늘 묵상

하늘 묵상

원리를 붙들어라, 그러면 산다

전흥웅 지음

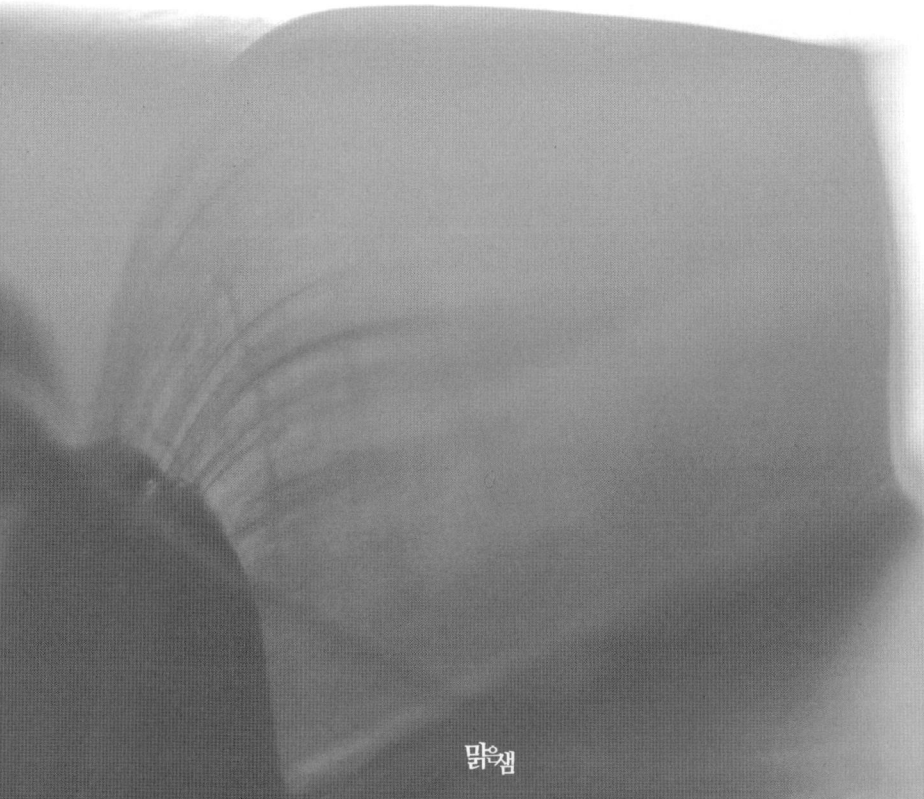

맑은샘

원리 붙드는 삶, 말씀에 기초한 삶을 살라

하루가 멀다고
쏟아져 나오는 사건과 사고
다름 아닌, 우리가 쏟아낸 쓰레기들이다.
맞다.
하나님을 떠난 삶에서 무슨 유익한 것이 나올 수 있으랴!

하지만
그 속에서 영롱한 삶 살도록 영롱한 책 주셨다.
성경이다.

어제도
오늘도
아니,
내일도
하늘의 하나님
우리에게 쓰레기 더미에서 온전한 삶 살도록 성경 붙들라 종용하신다.
매일 그렇게 달달 볶으신다. 그게 이 책의 내용이다.

사랑하는 자들아!
하나님이 원하시는 삶은
다름 아닌, 원리를 붙들고 사는 삶이다.
원리가 뭔가?
푸는 열쇠다. 정도의 길이다. 이것 붙들면 풀리지 않는 문제없다.

다시 말해,
원리 붙드는 삶이란 무엇인가?
말씀에 기초한 삶이다. 하나님 원하시는 삶이다.
하나님 영광 되는 삶을 말한다.

잊지 말라!
살아도 죽은 삶이 아니라
설령,
죽어도 산 삶이 되고 싶다면 원리 붙드는 삶,
하나님 말씀 붙드는 삶, 하늘 묵상의 삶을 살라!
그런 삶 살면,
공급해주시고 가르쳐주시며 고쳐주시는 공가고 하나님의 평강이 여러
분들의 삶 가운데 늘 떠나지 않은 것이다.

"주의 말씀은 내 발에 등이요 내 길에 빛이니이다." (시119:105)

2018. 9. 전흥웅

2장 바른 원리를 추구하라

3장 바른 원리를 붙들어라

제1장

바른 원리를 사모하라

새롭게 출발하려는 자가 붙들어야 할 것

새해다.

모두가 새롭게 출발하려 한다.

해서 이런 각오, 저런 각오로 결의가 대단하다. 그 탓에 헬스장은 분주하고 금연율의 지표는 올라간다. 하지만 '작심삼일'이라는 진리(?)는 그들의 무너짐에 징글맞게 웃고 섰다.

왜 무너지는가?

왜 되지 않는가?

단도직입으로 말하면 결단, 결심, 결연한 각오를 붙들려는 의지가 약해 그렇다. 핑계 대지 말라! 의지가 약해서 그렇다. 천지가 개벽한들 내의지가 굳건히 강력하다면 천지개벽인들 무슨 문제인가! 그렇지 않은가?

성경은

새롭게 출발하려는 자에게 뭐라고 말씀하시는가?

민수기 20장, 하나님의 의를 드러내지 않은 모세와 아론의 범죄,

신명기 34장, 그러한 그들은 약속의 땅에 들어가지 못하고 가나안 목전에서 아론 호르산까지, 모세는 느보산까지…. 그들은 거기까지였다.

무슨 말인가? 시사하는 바가 많다.

하나님,

지도자 둘을 향해 범죄 했다고, 지도자 둘을 향해 믿음 없다고 하셨다.

이것은 먼저, 믿음 없이 범죄한 모습으론 약속의 땅에 갈 수 없다는 가르침이다.

둘째, 아론과 모세가 너희들을 이끄는 자가 아니라는 가르침이다.

셋째, 약한 자 여호수아를 세움으로 하나님을 의지하라는 가르침이다.

여호수아가 약하다고? 그렇다. 여호수아는 약했다.

보라! 여호수아 1장을!

하나님은 그를 얼마나 붙들고 붙드는 말씀을 하시는지 모른다. 나에게 그런 말씀을 직접 해주셨다면 아브라함보다 모세보다 다윗을 능가하는 믿음의 사람이 되고도 남았을 것이다. 정리하자.

새롭게 출발하려는 자를 향한 성경의 도전은 무엇인가?

앞으로 나아가는데 방해되고, 걸림돌 되고, 지지부진한 과거의 모습과 습관, 부정적인 것들 다 정리해야 함을 말씀한다. 그래야 온전한 출발, 새로운 출발을 할 수 있다고 말씀한다. 그렇지 않으면, 결단하지 않으면, 칼로 자르듯 단박 자르지 않으면, 그래서 "모세 너 여기까지야! 비록 눈도 기력도 쇠하지 않지만 너, 여기서 죽어야 해!"라며 버리지 않으면, 앞으로 나아가는 일은 강 건너 불 보듯 뻔하다는 것이다. 실패 말이다.

하다못해 문명의 이기들의 진화를 보라! 갤2가 얼마나 좋았는가! 하지만 지금 갤9가 나왔다. 왜? 혁신하지 않으면, 그 자리 멈춰 있으면 기업은 망하기 때문이다. 죽기 때문이다.

스티브잡스,

그는 자신이 세운 회사에서 쫓겨났다. 왜? 혁신만을 붙들고 있었기 때문이다. 하지만 그가 죽고 없지만 오늘의 그는 애플의 보석, 다시 살아

돌아와 주었으면 하는 전무후무한 리더다. 그가 없었다면, 오늘의 애플을 상상하겠는가?

무슨 말인가?

과감히 과거로부터의 탈피만이, 혁신만이 살길임을 말한 것이다.

사랑하는 자들아!

과거에 묶인 삶이 얼마나 무서운 줄 아는가? 이스라엘 백성의 광야 40년 그것, 다 과거에 묶인 범죄의 결과물이다. 또한, 과거를 씻어내는 시간이다.

하나님께서는 앞으로 나아가려하지만 그들은 툭하면 과거를 회상하며 불신앙으로 일관한 것이다.

잊지 마라!

싱싱한 먹거리, 풍성한 먹거리, 지금까지 누려보지 못한 것 누리고 싶다면, 과거 애굽의 부뚜막 기억을 없애라! 저주와 같은 과거의 기억과 산물을 철저히 없애라! 쉽게 할 수 있는, 그래서 익숙한 것을 붙들려고 하는 습성을 과감히 버려라! 그래야 희망이 있다. 그래야 소망이 있다.

잊지 말라!

잡스가 살아생전 어디까지 내다본 것인지 우린 모른다. 하지만 애플의 식구들이 그것을 붙들지 않으면 애플의 앞날은 없다. 최근 배터리 사건을 보라! 잡스가 지하에서 피눈물 흘리고 있을 일이다. 나는 안다. 잡스가 내다본 거기까지 붙들지 않으면, 애플은 반드시 망한다는 것을….

새해가 출발됐다.

버릴 것을 버렸는가? 아니라면 멈추고 철저히 버리고 다시 가라! 그래야 된다. 늦지 않았다. 충분히 늦지 않았다. 정리하고 가라!

정리가 어려운 것 안다. 하지만 멀리 멀리 보라! 그러면 된다. 그래야 산다.

다시 한 번 더! 새롭게 출발하려는 자가 반드시 붙들어야 할 것은, 바로 '버림'이다! 그게 하나님 영광됨의 삶이다.

키의 주인

빌 게이츠를 조명하면서 쓴 책에 이런 글을 보았다.

"자신감과 열정을 가지고 인생의 모든 폭풍우와 암초에 맞서라, 언젠가는 성공이 보이는 섬에 이를 것이다. 성공을 향해 항해하기로 결정했다면 배의 키를 성공의 방향으로 돌려라."

좋은 글이며 도전되는 글이다. 그래서 빌 게이츠와 같은 인물이 나올 수 있었겠다. 하지만 그 만큼이다. 그 이상은 없다.

왜? 키를 잡고 있는 게 나이기 때문이다. 유한하고 한계 있는 인간이기 때문이다.

아브라함과 같은, 요셉과 같은 인물이 어떻게 만들어졌는가?

키를 하나님께 맡겼기 때문이다. 그들의 삶에 대해 후대 사람들은 어떻게 평가하는가? 믿음으로 갈 바를 알지 못했지만 나아갔다고 했다. 믿음으로 이스라엘 백성들이 떠날 것을 알았다고 했다.

믿음,
무슨 말인가?
그렇다. 배의 키를 맡기는 것을 말한다. 삶의 키를 맡기는 것을 말한다. 하나님께 죄다 맡기는 것을 말한다.
그렇다.
키는 내가 잡는 게 아니다. 능력자가 잡아야한다. 하나님이 잡아야한다. 그래야, 아브라함이 나오고 요셉이 나올 수 있는 것이다.

키,
내가 잡고 있을 때 운 좋으면 기껏 빌 게이츠가 되지만, 하나님께서 잡고 있으면 작품, 명품, 걸작이 나온다. 아브라함이 되고 요셉이 되는 것이다. 하늘의 태양처럼 영롱한 자가 나오는 것이다.
잊지 말라!
키는 처음부터 내 것이 아니다. 하나님 것이다. 그것을 붙들면 살고 그것을 놓치면 살아도 죽은 목숨이다. 비참하다.

너, 하나님의 사람아!
오늘도 끝끝내 키를 놓지 않으려 하는가! 그래서 폭풍을 만나 철저히 깨지고 싶은가?
바란다!

키를 붙들고 있는 손의 힘을 빼라! 그리고 키는 주님께 맡기고 선수로 나아가라! 그리고 희망과 소망의 포구가 눈앞에 다다랐음을 보라! 그리고 무지렁이 같은 너를, 아브라함 되게 하고 요셉 되게 한 하나님을 찬양하라! 그 분을 높여라! 기억하라! 키의 주인은 하나님이시다.

You are not alone(당신은 혼자가 아니다)

사람은 넘어진다.

넘어지지 않는 사람은 세상에 없다. 그러니 하나님께서 내가 너와 함께 한다고 하신 것이다. 내가 너 도우리라고. 그것도 모자라 너는 내 백성이 되고 나는 너의 하나님이라고 하신 것이다.

믿음의 선진들도 하나같이 삶에서 실패를 경험했다. 노아가 그랬고, 아브라함이 그랬다. 야곱이 그랬고, 모세와 다윗이 그랬다.

술에 취해 발가벗은 노아, 자녀 약속 붙들지 않아 영원한 다툼의 불씨 낳은 아브라함, 형의 축복을 탈취해 험악한 삶을 산 야곱, 80에 쓰임 받아 40년 죽을 고생했지만 지팡이 두 번 내려친 탓에 목전에 둔 약속의 땅을 밟지 못한 모세, 남의 아내 빼앗아 간음하고 그것도 모자라 그 남편까지 죽인 다윗.

그렇지만 하나님께서 먼저 나서서 그들을 붙들었다. 역사의 주인공으로 세워 주셨다. 해서 그들은 믿음의 선진들로 불린다. 성경 히브리서 11

장 믿음장을 보라! 그들을 위한 노래가 끊이지 않는다. 가고 오는 모든 세대에 그들은 그렇게 불렸고 또 불릴 것이다.

왜 그런가? 하나님이 그들을 결코 놓지 않았기 때문이다.

외로운가?

문제없다. 하나님을 만나라! 아니, 비가 오나 눈이 오나 바람 불어도 언제나 나를 붙들고 계신 하나님을 발견하라! 그러면 된다. 문제없다.

닉 부이치치,

사지 없는 사람이다. 그러나 그의 삶의 행동 영역은 세계가 좁아 보일 만큼 크고 원대하다.

왜, 그런가? 8세 이후 3번이나 죽으려 했던 그를 독실한 신앙의 부모가 붙들고 놓지 않았기 때문이다. 해서 복음 전도사, 행복 아이콘이 된 것이다.

에디슨,

모두 바보라고 했다. 어울리지 못하는 이상한 아이, 희망이 보이지 않는 아이로 더는 교육 받을 필요 없다며 집으로 돌려보내졌던 실패아가 발명왕이 되었다.

왜 그런가? 그의 어머니가 그를 붙들고 절대 놓지 않았기 때문이다.

아인슈타인,

장애아로 분류되었다. 정신적, 육체적 문제아로 모두에게서 버림받았다. 하지만 그가 없었다면…. 그는 그동안 인간 가운데 두뇌를 가장 많이 사용한 사람으로 불려진다. 왜 그런가? 삼촌이 그를 붙들고 끝까지 놓지 않았기 때문이다.

빌포터,

뇌성마비 장애아로 태어났다. 직장을 구해도 번번이 퇴짜 맞았다. 하지만 보수는 뒤로하고 남이 가지 않는 곳으로 보내달라고 해 결국, 직장을 얻어 그 불편한 몸을 이끌고 하루 15km씩 걸으며 100군데를 방문했다. 그는 고객이 거절해도 나중에 더 좋은 물건을 가져오라는 것으로 알고 상처받지 않고 사람들의 거절을 쾌히 받아냈다. 결국 그는 왓킨스 회사에서 판매왕 타이틀을 받았다. 왜 그런가? 그의 어머니가 그를 붙들고 절대 놓지 않았기 때문이다.

헬라 족속,

이방 여인 수로보니게 여인의 딸이 귀신 들렸다. 고침 받고자 주님 앞에 나왔지만 주님은 그냥 개무시해 버렸다. 그러나 귀신들린 아이는 귀신에서 해방되고 온전히 고침 받았다.

왜 그런가? 개 취급을, 그것도 주님으로부터 그런 수모, 모멸감을 당해도 결코 뒤로 물러나지도 아이를 놓지도 않고 붙들었기 때문이다.

"이에 더러운 귀신 들린 어린 딸을 둔 한 여자가 예수의 소문을 듣고 곧 와서 그 발아래에 엎드리니, 그 여자는 헬라인이요 수로보니게 족속이라 자기 딸에게서 귀신 쫓아내 주시기를 간구하거늘, 예수께서 이르시되 자녀로 먼저 배불리 먹게 할지니 자녀의 떡을 취하여 개들에게 던짐이 마땅치 아니하니라. 여자가 대답하여 이르되 주여 옳소이다마는 상 아래 개들도 아이들이 먹던 부스러기를 먹나이다"(막7:25~28)

이스라엘,

원 감람나무이면서 구원 받지 못할 민족… 하지만 구원에서 영영 멀어지지 않았다.

왜 그런가?

구원의 복을 알고, 거기다 천국까지 보고서, 그 누구보다 하늘을 사모하는 바울이었지만, 비록 자신이 구원에서 떨어질지언정 민족은 결코 놓지 않았기 때문이다.

힘든가?

그래서 여전히 오늘도 혼자라고 생각하는가? 그렇다면, 저 갈보리 십자가를 쳐다보라!

십자가… 그렇다. 저 십자가!

그것은 영원까지 나를 붙들고 있겠다는 주의 외침이다. 언약이다. 부르짖음이다. 너 내 것이라는 확고부동한 신실함이다. 미쁘심이다.

잊지 말라!

당신은 혼자가 아니다. 그러기에 당신도 노아, 아브라함, 다윗이 될 수 있다. 할렐루야!

너, 하나님의 사람아!

우리를 붙들고 계신 창조주를 찬양하라! "나의 힘이 되신 여호와여 내가 주님을 사랑합니다." 라고 찬양하라! 아니, 찬양해야만 한다. 그렇지 않으면 당신은 영영 무너지고 대신 돌들이 찬양하는 것을 볼 터이다.

기억하라! 당신은 혼자가 아니다.

"You are not alone!"

빨라도 늦어도 안 된다

농구에 앨리웁 슛이라는 게 있다.

선수가 골대 가까이 높이 뛰어올라 공중에서 공을 받은 뒤 발이 땅에 닿기 전에 곧장 슛 하는 것을 말한다.

무슨 말인가?

절묘한 타임(Time)을 말하는 것이다. 절묘하지 않으면 가능하지 않다는 것이다. 빨라도 안 되고, 늦어도 안 된다는 것이다.

그런 탓에 이 앨리웁 슛 장면은 정말 멋있다.

그리고 슛 하는 장면도 멋있지만, 절묘한 타임에 대한 미학에 반하고 만다.

"사람은 그 입의 대답으로 말미암아 기쁨을 얻나니 때에 맞는 말이 얼마나 아름다운고" (잠15:23)

'때에 맞는' 히브리어 단어는 '베이토'다. 즉, '정한 시간'으로 되어 있다.

무슨 말인가?

'때에 맞는'이라는 것은 앨리웁 숫처럼 정한 시간의 때, 가능한 시간의 때를 말하는 것이다.

절묘한 타임의 때를 말하는 것이다. 무한정 널브러진 시간이 아니라, 그것밖에 없는 한정된 시간, 제한된 시간을 말하는 것이다. 그 시간을 놓치지 않아야 작품이 나온다는 것이다.

제빵사에게 물었다. 시간과 온도와 습기는 빵의 품질을 결정하는 가장 중요한 요소라고 했다.

무슨 말인가? 빵 역시 때에 맞는 '베이토'에 의해 결정된다는 것이다.

우리는 시간이 무한정 있다고 생각한다.

그래서 그 무한정한 시간은 하나님의 것인데, 마치 우리 것처럼 착각하고 산다. 우습다. 어디서 그런 생각이 나오는지 모르겠다. 그러니 때도 모르고 기회도 모르고 사는 것이다. 어리석고 무지몽매한 모습이 아닐 수 없다.

뛰어 올라야 할 때 내려오고, 정작 가만히 있어야 할 때에는 부화뇌동하며 방방 뛰며 난리치는 삶을 산다. 미련하기 짝이 없는 모습이다.

잊지 마라!

주님께서 요한복음 2장과 7장에서

"내 때가 아직 이르지 아니하였다" 말씀하셨음을….

무슨 말인가? 주님 역시 모든 일에 때가 있음을 말씀하신 것이다.

우리는 모세가 펄펄 나는 40세에 쓰임 받았으면 한다. 그래서 80세의 모세를 쓰신 하나님을 이상하게 생각한다. 마치 우리의 때를 가지고 하나님의 때를 재단하는 꼴이다. 그러니 맨날 그 모양으로 사는 것이다. 때도 모르고, 기회도 모르고….

오늘도

하나님은 우리에게 말씀을 던져 주신다. 그 하나님을 신뢰하고 뛰어올라라! 그리고 날아오는 말씀을 공중에서 받아 멋있게 골인하는 그와 같은 삶을 살아라!

너, 하나님의 사람아! 민감하라! 그래서 '베이토'를 붙들 수 있길 바란다. 시간은 무한정으로 있지 않다. 그 시간밖에 없다. 버스는 다시 오지만 그 시간은 결코 다시 오지 않는다.

너, 지금 뛰어 올랐는가? 아님, 너의 발이 아직도 땅에 있는가? 안 된다.

보라!

하나님 말씀이 이미 네 머리 위에 와 있다. 뛰어올라 붙들어라! 그리고 멋있게 앨리웁 슛! 그것이 살고 죽지 않는 삶인 것이다.

잊지 말라! 빨라도 늦어도 안 된다. '베이토'다.

아버지는 그런 분이다

　재산을 달라고 했다.

　그래서 재산을 받아서 집을 떠났다. 룰루랄라… 아버지는 맘이 아프다. 불철주야 집 떠난 녀석만 기다리는 아버지. 하지만 녀석은 이 사실을 모른다. 아버진 이런 분이다.

　미국인 부자(父子), 릭 호잇과 딕 호잇.

　딕 호잇은 뇌성마비로 태어난 아들이다. 아들이 평범한 사람이기 원했던 아버지 릭 호잇.

　어느 날, 아들이 달리고 싶다고 했다. 이후 지금까지 이들은 8차례 철인 3종 경기(3.9㎞: 수영, 180.2㎞: 사이클, 42.195㎞: 마라톤)를 완주했고, 206차례 단축 3종 경기(1.5㎞: 수영, 40㎞: 사이클, 10㎞: 마라톤)를, 그리고 64차례 42.195㎞ 마라톤을 완주했다.

　그들은 1982년부터 2005년까지 보스턴 마라톤 대회에서 20년 넘게 연속 완주한 기록을 세웠다. 그뿐 아니라 이들은 달리기와 자전거로 무려 6,000㎞ 거리의 미국 대륙을 횡단하기도 했다. 그런데 아버진 자전거도 탈 줄 모르고 수영도 하지 못했다. 단지 아들을 위해 배우고 습득했다.

　기자가 물었다. 아버지 릭은 짤막하게 이렇게 말했다.

　"아들이 아니었으면 안 했다."

　아버지는 그런 분이다.

십자가는 저주다. 주님 것이 아니다. 해서 주님은 우셨다. 심히 우셨다. 하지만 기꺼이 십자가에서 물과 피 다 흘리게 하셨다. 아버지는 그런 분이다. 가시고기 이야기를 우리는 안다. 다 주는 것, 그게 아버지다. 아버지는 그런 분이다.

외로운가? 힘든가?
그래서 일어나기 어려운가?
그러면 쓸데없는 생각 버리고 빨리 돌아오라! 좋은 옷과 고기, 가락지가 준비되어 있다. 와서 철면피처럼 누려라! 그래도 된다. 묻지도 따지지도 않는다. 그러니 마음껏 누려라! 너를 위한 잔치다. 아버지는 그런 분이다.

"이에 일어나서 아버지께로 돌아가니라 아직도 거리가 먼데 아버지가 그를 보고 측은히 여겨 달려가 목을 안고 입을 맞추니" (눅15:20)

내 생각은 안 된다. 하나님 말씀, Fact를 붙들라!

내 보기에, 보암직도… 먹음직도… 아! 하와 할머니!

누이라고?
"네."

아버지 역시 그렇게 하셨기에 내 생각에도 그렇게 하는 것이…, 아! 이삭!

제사 지내다니요?
제 생각에는 그렇게 하는 것이…, 아니면 백성이 다 떠나 갈 것 같아서 그만….

음매~음매~매에~ 딸랑딸랑~
이번엔 이건 또 무슨 소리요?
아, 그거 제사 지내려고…, 제 생각에는 그렇게 하는 것이… 아! 사울!

왜 그랬는데?
암논, 길르압, 압살롬 형들 죽고 없잖아요. 해서 내 생각에는…, 누가 봐도 다음 차례는 나일 것 같아서요. 왕 자리는 당연히 내 것일 것 같아서요.
아! 아도니야!
그래서 모이라고 했구나! 그래서 잔치하자고 했구나! 그래서 축배 들고 빨리빨리 그렇게 했구나! 그것도 그렇게 빨리빨리….
사실 불안했습니다. 뭐지?… 하고 말입니다. 혹여, 저저… 열째 솔로몬 녀석 때문인가?… 설마…그럴 리가… 했습니다.
아! 아도니야!
반역이로구나! 반역이로다. 솔로몬을 세우시겠다는 하나님 말씀을 극구 모른 척하더니 결국 반역하고 말았구나!

말씀을 떠난 너의 삶, 하나님의 뜻이 아닌 네 생각대로의 삶, 결국 그렇게 파국의 길로….

아…!

아도니야!

아도니야~야!

보거라! 저 하나님 사람을, 약속 붙들고 있는 저 사람을, 굳건히 말씀 붙들고 있는 저 하나님 사람 솔로몬을….

아도니야~야! 보고 있느냐! 자신이 나서지 않아도 자연스레 일이 되어짐을, 든든히 세워짐을, 저 얼마나 견고하냐! 아…! 미련하고 가련한 너 아도니야~야!

"여호와께서 사람의 걸음을 정하시고 그의 길을 기뻐하시나니" (시37:23)

내 생각은 안 된다.

생명이 없고 무너짐이다. 하나님 말씀 fact를 붙들라! 그러면 산다.

이순신 장군도 내 생각에는 하지 않았다. 저에게는 아직도 12척의 배가 남았다고 말했다.

무슨 말인가?

그렇다.

종이 한 장 차이지만, 먼저 fact를 이야기한 것이다. fact를 붙들고 거기에 집중한 것이다. 그러니 거기서 되는 생각, 되는 답이 나온 것이다. 펑퍼짐한 내 생각, fact가 아니다. 그래서 힘이 없다. 그러니 왕이 다된

듯했지만, fact를 붙든 솔로몬의 나팔 소리 한 번에 모두 다 황망히 무너져 내리고 만 것이다.

왕상 1장을 보라!
무너짐의 원리를 적나라하게 접할 수 있다.
말씀과 fact의 힘이다. 이것을 붙들고 살면 승승장구하며 하나님께서 기뻐하시는 삶이 된다. 그렇게 살라!

왜 문제를 풀지 못하는 줄 아는가?
상황인식 즉, fact와 맞서지 않기 때문이다. 문제를 풀려면 fact와 기꺼이 맞서야 한다.
에디슨이 그랬고, 스티브잡스가 그랬다. 이순신 장군이 그랬고 루터가 그랬다.
빙빙 돌지 마라!
거기에 문제 해결 방법은 없다. 그것은 fact를 떠난 삶이다. 그래서는 홍해 바다를 절대 갈라놓을 수 없다.

오늘도 fact, 말씀 붙들고 나아가라! 그리고 홍해를 반듯하게 갈라라!
말씀의 능력, fact의 능력을 보여라! 그게 하나님 영광됨의 삶이다!

갈증을 사모하라! 그러면 움직이고 그게 복이 된다

사슴은 목마르면 위험하다.

목구멍이 말라붙는다. 그래서 목마른 사슴은 언제나 시냇물을 찾아 갈급한 것이다.

무슨 말인가?

갈증으로 죽는 것을 아니까 움직이더라는 것이다.

사도행전 10장,

가이사랴 고넬료를 보라! 복음과 거리가 멀어 보이는 군대 백부장이며 이방인이다. 하지만 그 자신뿐 아니라, 온 집안이 하나님을 경외했다. 사람을 많이 구제하는 사람이었다. 늘 기도하는 기도의 사람이었다. 그에게 하나님께서 찾아와 말씀하셨다. 베드로를 찾아가라고. 그러자 그는 지체 않고 단박에 말씀을 붙들고 베드로를 찾아 나섰다.

반대로 베드로를 보라! 하나님께서 환상으로 말씀하셨다. 그러나 안된다는, 할 수 없다는 반응을 보였다. 그래서 하나님은 두 번이나 더 베드로를 종용했다. 모두 3번씩이나 환상으로 말씀하셨다. 그러나 역시 그것이 무슨 뜻인지 여전히 몰랐다. 나중에 고넬료가 보낸 사람들에게 오히려 묻기까지 했다.

두 사람의 반응은 왜 이렇게 다른가? 한 사람은 갈증이 있는 삶이었다. 구원 밖에 있는 사람으로 언제나 타는 목마름이 있었다. 그러나 한 사람은 유대인으로 복음의 기득권 탓에 갈급함이 없었다. 유대인 그들의 관습은 결국 고집과 아집으로 일관하는 삶이였던 거다.

목마름이 있는가? 그러면 살 수 있다. 목마름이 없는가? 그러면 살아도 죽은 목숨이다. 불순종의 모습이다. 무너짐의 모습이다.

연어를 보라! 알을 낳아야 하는 타는 목마름이 있으니 죽음을 무릅쓰고 강을 거슬러 올라오는 것이다. 그 얼마나 펄떡이는 싱싱함인가!

가나안 여인 이야기다. 귀신들린 딸 때문에 개 취급당해도 은혜의 자리를 결코 떠나지 않았다. 왜? 타는 목마름이 있었기 때문이다.

혈루증 여인은 열두 해 동안 죽을 고생했다. 그야말로 영과 육이 피폐해 살 소망까지 끊어진 여인이다. 그뿐인가! 부정한 여인으로 격리된 사람이다. 사람 취급도 받지 못하는 여인이었다. 하지만 그녀를 보라! 예수님 붙드는 그 광경을 보라! 갈증이 없었다면 과연 그와 같은 광경을 연출했겠는가! 밀고 당기는 인산인해의 현장을 그녀는 갈증으로 파고든 거다.

할렐루야! 갈증, 목마름! 그것이 그녀를 살린 것이다.

갈증 없는 풍요로움, 그로인한 여유만만, 그로인한 고집과 아집, 사도행전 10장의 베드로 모습이다. 안 된다.

하나님 사람들이여!

하나님께서 말씀하시면, 단박에 일어나 반응하라! 그게 복이며 풍요로움이다. 그게 삶이며 죽음이 아니다. 하나님 앞에서의 고집과 아집은 철저히 깨질 불신앙 그 이상 그 이하도 아니다.

잊지 말라!

고집과 아집이 언젠가 무참히 깨질 것을 안다면, 빨리 내려놓든지 빨리 깨져라! 오래 가면 더 아프다. 더 심하게 깨어진다. 그러니 더는 고집 피우지 말라! 미련한 자리에서 빨리 탈출하라!

베드로의 깨짐은 예루살렘과 유대와 사마리아 넘어 땅 끝까지 나아가는 관문을 열었다. 할렐루야!

이렇듯, 복은 철저히 깨짐 위에 임한다. 복은 목마름 위에 임한다.

기억하라! 그러니 깨짐이 복이다. 목마름이 복이다. 오늘도 타는 목마름으로 복을 누려라! 연어와 같이 펄떡이는 삶을 살라! 그게 하나님 영광됨의 삶이다.

싸움의 현장이 어디인가?

뭐든 본질을 붙드는 게 관건이다. 그것이 문제 해결에 있어 원리기 때문이다.

현장 이야기다. 아말렉과 르비딤에서 전쟁을 치른다. 모세는 산꼭대기에서 팔을 들고, 여호수아는 산 아래에서 적과 치열하게 싸운다. 싸움의 현장이 어디인가? 모세가 팔 든 산꼭대기다.

3년 6개월 동안 비가 오지 않았다. 산천초목은 목말라 헐떡인다. 엘리야가 갈멜산 꼭대기에 올라가 기도하고, 사환은 바다 위로 사람 손만 한 작은 구름을 바라다본다. 싸움의 현장이 어디인가? 사환이 구름을 확인하는 현장이 아니라 얼굴을 다리 사이에 끼우고 기도하는 엘리야가 있는 산꼭대기다.

복음을 증거 하다가 야고보는 순교당하고 베드로는 투옥되었다. 고난과 환난이 엄습했다.
교회에서 베드로를 위해 간절히 기도했다. 베드로는 쇠사슬에 매여 잤다. 싸움의 현장이 어디인가? 간절히 기도하고 있는 교회다.

예루살렘과 유대와 사마리아에 갇힌 복음이 어떻게 열렸나? 몇 차례의 환상을 보고도 유대주의에 빠진 꽉 막힌 영성이 아니라, 복음의 전파를 막는 사단의 궤계와 싸우는 현장, 말씀 붙들고 기도한 가이사랴의 고넬료가 있는 곳이었다.

수많은 고아의 하루하루 식사를 챙기기는 어렵다. 하지만 그들을 위한 조지 뮐러의 기도하는 손 탓에 그들은 늘 배불리 먹고 굶지 않았다. 싸움의 현장이 어디인가? 그들을 먹이려 백방으로 분주하게 움직이는 걸음들인가? 아니면, 골방의 기도 자리인가?

백부장이 사랑하는 종이 병들었다. 예수님께서 가서 고쳐 주시고자 했다. 하지만 말씀만 하시면 낫겠다는 믿음의 고백으로 기적을 이끌었다. 병과 싸우는 싸움의 현장이 어디인가? 환자가 누운 자리인가? 여기 믿음을 고백하는 자리인가?

수로보니게 여인의 딸은 귀신들려 죽을 지경이다. 그야말로 개 취급 받고도 끝내 은혜를 누렸다. 딸이 귀신에게서 해방되는 싸움의 현장이 어디인가? 천지사방 미친 듯 헤매고 다니는 딸이 있는 현장인가? 그런 모멸감에도 은혜의 자리를 뜨지 않고 은혜를 붙든 여기 현장인가?

평양 대부흥은 길거리 전도가 아니었다. 길선주 목사님이 친구의 돈을 훔쳤다는 강단 참회의 기도 자리였다.

낙동강 전선 위기⋯,
그리고 인천상륙작전의 전과(戰果)가 맥아더의 지략인가? 아니다. 조국의 운명이 풍전등화임을 붙들고, 저 해운대 백사장에 엎드린 하나님 종들의 기도 자리 때문이었다.

19세기 말부터 시작된 미국과 전 세계, 특히, 아시아 조선의 부흥은 유럽의 건초더미 기도회, 곧 7명의 청년 기도에서부터 시작되었다.

남북전쟁의 승리를 이끈 것은 총포 난무한 전쟁터가 아니라, 링컨 집무실 한 켠에 있었던 기도 공간이었다.

모두 무슨 말인가? 실제 현장, 싸움 현장은 믿음이 고백되는 곳이라는 것이다.

이런 말이 있다.

"자다가 봉창 두드리나?"

엉뚱한 것 붙들지 말고, 본질, 핵심을 붙드는 삶으로 하나님께 영광되는 삶을 살아라!

달걀 속에서 나오라! 더 큰 세상이 기다린다

필립스 부룩스 왈,

"능력에 맞는 일을 구하지 말고, 일에 맞는 능력을 구하라."

무슨 말인가?

가진 것만으로 일하려고 하는 좀생이가 되지 말라는 것이다. 무슨 일이든 그게 하나님의 일이면 구하고 하라는 것이다.

가진 것만 붙들었다면 모세는 홍해에서 돌아가야 했다. 여호수아는 해도 달도 멈추지 못하고 다음날 싸워야 했다. 히스기야 역시 15년을 더 살지 못하고 죽었어야 했다. 그랬다면 히스기야는 살아서 하나님을 찬양하는 삶이 얼마나 귀한지 깨닫지 못했을 것이다.

"예수께서 이르시되 할 수 있거든이 무슨 말이냐 믿는 자에게는 능히 하지 못할 일이 없느니라 하시니" (막9:23)

왜 못하는가?

믿음이 없기 때문이다. 다른 이유는 없다. 핑계대지 마라. 그러려면 굳건한 믿음이 있어야 한다. 딱딱한 반석에서 물이 나올 줄 아는 믿음, 절대 그럴 수 없을 것 같은 곳에서 터져 나올 생수를 믿는 믿음이 있어야 한다.

5천 명, 아니 2만의 사람을 보리떡 다섯 개와 물고기 두 마리로 넉넉히, 풍성하게, 배부르게 먹이고 남은 광주리 12개의 기적을 믿는 믿음이 있어야 한다.

왜 믿음이 없는가?

믿음이 임하는 기적의 현장에 있지 않기 때문이다. 기적은 주님 계신 곳에서 일어난다.

주님이 계시지 않는 곳에서 기적은 일어나지 않는다. 주님과 함께 하는 현장, 그 현장에 있을 때 믿음은 주어진다. 앉은뱅이가 일어나고, 소경이 눈을 뜨고, 중풍병자가 똑바로 걷고, 죽은 자가 벌떡 일어나고, 오병이어의 풍성함이 있는 곳에 있어야 한다. 영혼을 찔러 쪼개는 말씀 선포의 자리에 있어야 한다.

그렇다면 오늘 이 땅을 살아가는 우리에게 기적의 현장. 믿음이 주어지는 현장은 어디인가? 바로 예배의 자리다. 예배의 자리를 떠나서는 어떤 기적도 감격도 체험도 없다. 하나님을 만나는 자리에서 모든 것이 주어짐을 잊지 마라. 그곳이 예배의 자리다.

　그러니 예배 자리를 떠나 있으면 기적은 없다. 믿음도 생기지 않는다. 불평하는 사람이 많다. 웃긴다. 배 아프면 화장실에 갈 줄 알고, 배고프면 식당에 갈 줄 알고, 몸 아프면 병원 갈 줄 알면서, 그런 것 알면서, 말씀 선포됨으로 역사가 일어나는 자리를 떠나 있으면서 불평하는가? 웃기다. 한 대 때리고 싶다.

　그러므로 예배 자리를 떠나 있다면 복이 임하는 통로가 끊어졌다고 생각하면 된다. 그래서 예배에 목숨 걸라고 하는 것이다. 그보다 강력함은 없다는 것이다.

　그 강력함이 최선을 다하게 한다.

　"푯대를 향하여 그리스도 예수 안에서 하나님이 위에서 부르신 부름의 상을 위하여 달려가노라" (빌3:14)

　그 강력함이 비본질적인 것을 배설물로 여긴다.

　"또한 모든 것을 해로 여김은 내 주 그리스도 예수를 아는 지식이 가장 고상하기 때문이라 내가 그를 위하여 모든 것을 잃어버리고 배설물로 여김은 그리스도를 얻고" (빌3:8)

그 강력함은 죽음도 두려워하지 않는다.

"내가 달려갈 길과 주 예수께 받은 사명 곧 하나님의 은혜의 복음을 증언하는 일을 마치려 함에는 나의 생명조차 조금도 귀한 것으로 여기지 아니하노라"(행20:24)

그 강력함은 결국 상급을 거머쥐게 한다.

"나는 선한 싸움을 싸우고 나의 달려갈 길을 마치고 믿음을 지켰으니, 이제 후로는 나를 위하여 의의 면류관이 예비되었으므로 주 곧 의로우신 재판장이 그날에 내게 주실 것이며 내게만 아니라 주의 나타나심을 사모하는 모든 자에게도니라"(딤후4:7~8)

무슨 말인가?
예배의 사람, 믿음의 사람이 되니, 강력한 신앙의 사람이 되더라는 것이다. 복의 사람이 되더라는 것이다. 할렐루야!

그러므로 잊지 말라! 병아리가 알을 깨고 나와야 광명한 천지를 보듯, 내게 있는 것으로만 만족하면 하나님의 일은 할 수 없다. 하나님의 일은 광대하다. 왜? 하나님께서 광대하기 때문이다. 그러니 광대한 하나님을 나의 좁은 생각 틀 안에 가두지 말라! 그럴 수도 없겠지만 그건 어리석고 매우 불행한 일이다.

사도행전을 보면 안다.

하나님은 계속 광활한 세계를 열려고 하고, 사람들은 두려워 여기가 좋사오니 했다. 결국 맞았다. 그리고 피 철철 흘리고 그제야 했다.

하나님의 사람들이여!

삶에서 왜 자꾸 큰 일이 생기는가? 왜 그럴까? 크게 부르짖으라는 뜻이다.

기도할 때 하나님의 일하심을 믿으라!

"God works. When we pray."

필립스 브룩스의 말을 기억하라. 그러면 달걀껍질을 깨고 나온다. 우물 안 개구리가 안 된다. 강력하게 부르짖어라! 그리고 예배의 자리에서 주어지는 굳건한 믿음으로 우리가 알지 못하는 크고 비밀한 일을 이루시는 하나님을 신뢰하고 오늘도 내일도 믿음의 사람, 가슴 광대한 사람으로 살라! 그런 삶이 하나님 영광됨의 삶이다.

기도 응답의 4D

기도 응답에 4D가 있음을 듣고 깨달았다.

"Directly"

묻지도 따지지도 않고 그냥 주신다. 하나님 마음에 합한 기도이다.

"하나님이 솔로몬에게 이르시되 이런 마음이 네게 있어서 부나 재물이나 영광이나 원수의 생명 멸하기를 구하지 아니하며 장수도 구하지 아니하고 오직 내가 네게 다스리게 한 내 백성을 재판하기 위하여 지혜와 지식을 구하였으니, 그러므로 내가 네게 지혜와 지식을 주고 부와 재물과 영광도 주리니 네 전의 왕들도 이런 일이 없었거니와 네 후에도 이런 일이 없으리라 하시니라"(대하1:11~12)

"Differently"

원하는 바가 아닌 다른 것을 주신다.

바울에게 가시를 제거해 주시지 않고 다른 능력을 주셨다. 더 크게 쓰시기 위한 하나님의 의도를 신뢰하라!

"이것이 내게서 떠나가게 하기 위하여 내가 세 번 주께 간구하였더니, 나에게 이르시기를 내 은혜가 네게 족하도다. 이는 내 능력이 약한 데서 온전하여짐이라 하신지라 그러므로 도리어 크게 기뻐함으로 나의 여러 약한 것들에 대하여 자랑하리니 이는 그리스도의 능력이 내게 머물게 하려 함이라"(고후12:8~9)

"Delay"

내 때에 맞게 주시지 않고 하나님의 때에 주신다.

보라! 야이로의 딸이 죽은 다음에 가셨다. 나사로에게도 마찬가지셨다. 더 큰 기적을 통해 하시고자 하는 하나님의 의도를 신뢰하라!

"여호와께서 너희의 땅에 이른 비, 늦은 비를 적당한 때에 내리시리니 너희가 곡식과 포도주와 기름을 얻을 것이요" (신11:14)

"Deny"
아이가 칼을 달라고 하면 주지 않듯 거절하신다.
구한 것, 그게 유익한지 무익한지 우린 알지 못한다. 하지만 하나님은 아신다. 거절도 응답임을 신뢰하라!

"구하여도 받지 못함은 정욕으로 쓰려고 잘못 구하기 때문이라" (약4:3)

하나님께서 우리 때가 아니라 하나님 때에 최상의 것을 주심을 신뢰하라!

"여호와께서 너를 위하여 하늘의 아름다운 보고를 여시사 네 땅에 때를 따라 비를 내리시고 네 손으로 하는 모든 일에 복을 주시리니 네가 많은 민족에게 꾸어줄지라도 너는 꾸지 아니할 것이요" (신28:12)

그러므로 신실하신 하나님을 더 신뢰하라!

"하나님은 사람이 아니시니 거짓말을 하지 않으시고 인생이 아니시니 후

회가 없으시도다. 어찌 그 말씀하신 바를 행하지 않으시며 하신 말씀을 실행하지 않으시랴"(23:19)

당신의 삶에 복이 임하기를 원하는가?

그러면 4D를 굳건히 붙들어라. 그러면 된다. 부화뇌동하지 말라! 망하는 길이다. 묵묵히 4D를 묵상하라! 그리고 그렇게 하라! 그러면 된다.

⌘

끝나봐야 안다. 속단하지 마라

우린 기다리는 일에 익숙하지 않다.

그래서 곧잘 일을 망친다. '조금만, 1분만 더 참았다면…' 하고 후회하는 삶이 많다.

정신분석 전문가들은 '욱'하는 마음이 들 때 '그래 1분만 참고 있다가 화내자' 하면 90% 이상 분이 시들해진다고 조언한다.

1분이 문제다. 잘 안 된다. 하지만 사고 치지 않으려면 기다려야 한다. 그리고 거기까지 가야 한다. 기다려야 하는 것이다.

지금 천국가고 싶다고 갈 수 없다.

주님 오실 때, 아님 부르실 때까지 기다려야 한다. 보챈다고, 때 쓴다고 주님 재림이 당겨지지 않는다. 때 될 때까지 기다려야 한다. 끝까지 가야 한다. 묵묵히 참고 기다려야 한다.

지금 우리는 안다. 이미 성경을 가졌으니 말이다. 하지만 그때로 돌아가보자.

이스라엘 백성은 애굽을 나왔다.

곧장 젖과 꿀이 흐르는 땅으로 향하지 않고 홍해로 향했다. 광야로 향했다. 지금 내가 거기 있다면 아마 이런 미친 짓이 어딨냐며 모세에게 따질 것이다.

무슨 말인가?

끝까지 가보지 않아 터져 나오는 불평이다. 광야 끝에 젖과 꿀이 흐르는 곳이 있었다.

다시 말씀이 주어지고, 불평의 세대가 막을 내리고, 새롭게 거듭난 모습, 새롭게 단장된 모습으로 가나안을 맞는 복이 기다리고 있었던 것을 몰랐던 것이다.

주님은 십자가를 지셨다.

승승장구했던 주님은 어디가고 저렇게 초라한 모습으로 끝나다니….

바리새인도, 서기관들도, 제자들도 혀를 끌끌 찬다. 아니 도망가고 저주까지 퍼붓는다.

무슨 말인가?

끝까지 가보지 않은 불신앙이다. 그 십자가 끝에 십자가만 붙들면 구원받는 은혜, 더럽고 추하디 추한, 냄새나고 부패한 자라도 십자가만 붙들면 영원한 천국을 품을 수 있는 그 어떤 복보다 크고 무한한 은혜의 복이 기다리고 있었던 것을 몰랐던 것이다.

2017년 8월 24일, 피츠버그 파이리츠와 LA다저스가 붙었다. 다저스 선발 투수 '리치 힐'은 8회까지 퍼펙트, 9회 노히트노런! 하지만 끝까지 책임져야 할 상황이라 연장 10회에 다시 등판해 상대 타자 '조시 해리슨'에게 홈런을 맞고 패전 투수가 됐다. 온라인 팬들은 그런 그에게 '세상에서 가장 슬픈 투수'라는 칭호를 붙였다.

무슨 말인가?

끝까지 가봐야 알 수 있다는 것이다. 끝나야 끝난다는 것이다. 피츠버그 파이리츠엔 승리가 기다리고 있었고, LA다저스엔 패배가 기다리고 있었던 것이다.

이런 말이 있다.

꼴찌로 달리다 순간 주님께서 "뒤로 돌아가!" 하면 1등이라고. 그렇다. 야구 시작은 9회 2아웃부터라는 말처럼 뭐든 끝까지 가보아야 알 수 있다.

우리 삶 역시 마찬가지다.

아직 남았다. 해서 다 가보고 난 뒤 이야기 하자. 식견도 안목도 없는 눈으로 미리 판단해 일 그르치지 말고 제발 다 가보고 난 뒤, 9회 쓰리 아웃되고 난 뒤 이야기하자.

하나님의 사람들이여!

그것을 아는가? 면류관이 우리를 기다리고 있다는 사실! 지금 찢기고 아파도, 살 소망까지 끊어지는 듯한 극함 있다고 해도 그 끝에 생명의, 의의 면류관이 있음을 기억하라! 아직 게임은 끝나지 않았다. 9회 말 투

아웃일 뿐이다.

"시험을 참는 자는 복이 있나니 이는 시련을 견디어 낸 자가 주께서 자기를 사랑하는 자들에게 약속하신 생명의 면류관을 얻을 것이기 때문이라" (약1:12)

"이제 후로는 나를 위하여 의의 면류관이 예비되었으므로 주 곧 의로우신 재판장이 그 날에 내게 주실 것이며 내게만 아니라 주의 나타나심을 사모하는 모든 자에게도니라" (딤후4:8)

수용하면 에너지 된다

격투기 선수 존 존스의 말을 기억하는가! 다시 챔피언 벨트를 가져왔을 때 했던 말이다.
"안티의 말이 내게 큰 힘이 되었다."
무슨 말인가?
안티의 말을 수용해 에너지로 환원했던 것이다.

아들을 피해 도망가던 중 다윗이 했던 말을 기억하는가! 사울의 친족인 시므이가 다윗을 저주했을 때 했던 말이다.

"또 다윗이 아비새와 모든 신하들에게 이르되 내 몸에서 난 아들도 내 생명을 해하려 하거든 하물며 이 베냐민 사람이랴 여호와께서 그에게 명령하신 것이니 그가 저주하게 버려두라. 혹시 여호와께서 나의 원통함을 감찰하시리니 오늘 그 저주 때문에 여호와께서 선으로 내게 갚아 주시리라 하고" (삼하16:11,12)

무슨 말인가?
저주의 말을 수용해 후일 하나님 은혜로 삼았던 것이다.

다니엘 세 친구의 고백을 아는가!

"그렇게 하지 아니하실지라도 왕이여 우리가 왕의 신들을 섬기지도 아니하고 왕이 세우신 금 신상에게 절하지도 아니할 줄을 아옵소서" (단3:18)

무슨 말인가?
수용의 극치를 보여주는 고백은 하나님까지 풀무불 속으로 이끌었다.

빌립보 감옥의 바울과 실라의 고백을 기억하는가! 발에 차꼬를 차고 그것도 깊은 옥에 갇혀 그들이 했던 고백이다.

"한밤중에 바울과 실라가 기도하고 하나님을 찬송하매~" (행16:25)

무슨 말인가?

고통을 수용하니 기도와 찬송이 되더라는 것이다.

이 모든 말의 핵심은 무엇인가?

그렇다. 수용함으로 얻어지는 능력을 말하는 것이다.

우리는 쉽게 다름이 아니라 틀림으로 규정하는 경향이 강하다.

그 탓에 우리 편 아니면 적으로 몰아세우고 만다.

위의 사람들이 사람이나 환경을 틀린 것이라 해서 수용하지 않았다면 그와 같은 능력이 그들에게 임했겠는가?

부부가 왜 헤어지는가?

다름이 아니라 틀림을 붙들기 때문이다.

멀쩡한 사람들이 왜 정신병에 걸리는가?

다름을 인정하지 못하고 틀림에 목숨 걸어 부화뇌동하기 때문이다.

기억하라!

아담과 하와는 다름이다. 그러니 걸작품이다. 아담은 너무 좋아했다. 극찬했다.

잊지 마라!

아담이 하와를 수용하니 그와 같은 고백이 터져 나옴을.

"여호와 하나님이 아담에게서 취하신 그 갈빗대로 여자를 만드시고 그를 아담에게로 이끌어 오시니. 아담이 이르되 이는 내 뼈 중의 뼈요 살 중의 살이라 이것을 남자에게서 취하였은즉 여자라 부르리라 하니라" (창2:22, 23)

수용하면 에너지가 된다. 능력이 된다. 하나님 영광됨의 삶이 된다.

여기 다름에 관한 시 한 편이 있다.

다름 예찬

詩 전영돈

아침에 피는 꽃
오후에 피는 꽃
밤에 피는 꽃

시작이랄까
최고랄까
때라 할까

이런 것이 생긴 것만큼이나 다르구나
누구나 아침이 출발이다
생각마라
아침에 눈 떠지지 않는다고
실망마라

필 때 있을 거고
피고 싶을 때 필 것이다

모두는 다른 것이고

다르다는 것이

살아 있음의 보람이고

가치이다

억지로 하지 말고 은혜로 하라!

억지로 하면 피곤하다. 빨리 지친다. 손해 보는 느낌에 화난다. 언제나 본전 생각에 의욕이 떨어진다. 한계가 있다. 그리고 때론 두렵다. 이러다가… 결국, 무너진다.

은혜로 하면 즐겁다. 더 하고 싶다. 시간이 모자란다. 의욕이 넘친다. 막혀도 막힌 줄 모르고 거침없이 나아간다. 노래가 터져 나온다. 벅차고 감격스럽다. 감사가 그칠 줄 모른다. 날마다 풍성함이 삶에 더해진다. 삶이 강력해진다. 그리고 사역의 폭이 광대해진다. 누구도 두렵지 않다.

왕상 1장의 아도니야를 보라! 그는 넷째다. 형들 다 죽고 없어 다음은 당연히 자신이라 생각한다. 하지만 모든 게 다 작위적이다. 해서 왠지 불안하다. 겁난다. 조급하다. 초조하다. 하나님의 뜻과 다름으로 억지일 뿐이다. 결국 무너진다.

"아도니야와 함께 한 손님들이 다 놀라 일어나 각기 갈 길로 간지라. 아도니야도 솔로몬을 두려워하여 일어나 가서 제단 뿔을 잡으니" (왕상1:49,50)

신약의 바울을 보라!

약하다. 안질, 꼽추, 간질 중 한 가지 병을 가진 자다. 하지만 모든 게 은혜롭다. 해서 거침없다. 거침없는 하이킥, 당당하다. 힘차다. 어떤 힘도 그 앞에 서지 못한다. 하나님께서 함께 하심으로 날마다 새롭고 또 새롭다. 영역은 점점 더 광활해지고 퍼져간다. 벅차고 감격스럽다. 우뚝 선 느낌에 박수 받는 자가 된다.

"나는 선한 싸움을 싸우고 나의 달려갈 길을 마치고 믿음을 지켰으니" (딤후4:7)

마쳤다고 한다. 지켰다고 한다.

이 얼마나 당당한가! 이 얼마나 은혜로운 삶인가! 이 얼마나 강력한 삶의 도전인가!

잊지 마라!

억지 뒤엔 사단이 있다. 사단은 망하게 하는 장본인이다. 그러니 결국 억지는 힘이 빠져 무너지게 되는 것이다. 은혜로 하라. 내가 아닌 은혜에 사로잡혀 하라. 은혜는 하나님의 붙드심이다. 그러니 힘이 점점 더해져 강력해지는 것이다.

삶에서 이기고 싶은가!

그러면 은혜를 붙들면 끝난다. 그러면 승리한다. 믿어라!

날고 싶은가? 그러면 묶여라

높이 나는 연이 있다.

연줄을 목에 단단히 걸었다. 하지만 연줄은 연을 날게 하는 원동력이다. 연줄은 연에게 있어 생명줄이다. 혹여 더 멀리 더 높이 날고 싶다고 연줄을 끊어 달라면 금방 추락하고 만다. 절대 안 된다.

새벽기도,

높은 신앙으로 웅비함에 있어 연줄과도 같다. 기도가 끊어지면 떨어져 죽는다. 묶였다고 투덜대지 말라! 짐이라고 내던지지 말라! 묶임이, 부담감이 은혜이며 나 살리는 길이다.

날고 싶은가?

그러면 단단히 묶여라. 기도의 생명줄에 단단히 묶여라! 새벽기도의 생명줄에서 절대 떨어지지 말라! 그게 날고 사는 길이다.

민족을 위해 모르드개는 재를 뒤집어쓰고 대성통곡했다.

"모르드개가 이 모든 일을 알고 자기의 옷을 찢고 굵은 베 옷을 입고 재

를 뒤집어쓰고 성중에 나가서 대성통곡하며"(에4:1)

생명의 연장을 위해 히스기야도 벽을 향해 앉아 심히 통곡했다.

"여호와여 구하오니 내가 진실과 전심으로 주 앞에 행하며 주께서 보시기에 선하게 행한 것을 기억하옵소서 하고 히스기야가 심히 통곡하더라"(왕하20: 3)

자신의 죄악이 말씀으로 조명될 때 이스라엘 백성은 굵은 베 옷을 입고 가슴을 치며 자신뿐 아니라 조상의 죄까지 자복했다.

"그 달 스무 나흗날에 이스라엘 자손이 다 모여 금식하며 굵은 베 옷을 입고 티끌을 무릅쓰고, 모든 이방 사람들과 절교하고 서서 자기의 죄와 조상들의 자복하고"(느9:1, 2)

비록 이방민족이지만 살기 위해 왕으로부터 짐승에 이르기까지 살려 달라고 굶으며 하나님을 붙들었다.

"니느웨 사람들이 하나님을 믿고 금식을 선포하고 높고 낮은 자를 막론하고 굵은 베 옷을 입은지라. 그 일이 니느웨 왕에게 들리매 왕이 보좌에서 일어나 왕복을 벗고 굵은 베 옷을 입고 재 위에 앉으니라. 왕과 그의 대신들이 조서를 내려 니느웨에 선포하여 이르되 사람이나 짐승이나 소 떼나 양 떼나 아무것도 입에 대지 말지니 곧 먹지도 말 것이요 물도 마시지 말

것이며 사람이든지 짐승이든지 다 굵은 베 옷을 입을 것이요"(요3:5~8)

무슨 말인가?

하나님을 붙들면 산다. 기도하면 산다. 부르짖고 통곡하면 산다. 기도에 꽁꽁 묶인 삶보다 더 강력함이 없음을 말한다.

연줄,

기도의 연줄은 생명줄이다. 절대 놓지 말라! 나를 날게 하는 유일한 힘이다. 나를 차원 높게 들어 올리는 유일한 능력이다. 나를 살리는 유일한 길이다.

날고 싶은가? 그러면 단단히 묶여라!

중원을 선점하라! 그러면 쉽다

시작이 반이라는 말이 있다.

시작했다면 절반은 했다는 뜻이겠다. 그러니 멈추지 말고 나아갈 것을 종용하는 무언의 메시지다. 여하튼 그렇게 마음먹는다면 인제 반밖에 남지 않은 것이다. 쉽다. 아주 쉽다.

특히 축구에서 중요하게 다루는 것이 있다.

바로 중원 확보다. 공격은 중원에서부터 이루어진다. 그래서 중원이 무너지면 공격도 무산되고, 중원이 무너지면 수비도 무산되고 만다. 해서 중원 확보에 사활을 건다. 그러면 쉽다는 것이다.

그 예로 2010년 1월 9일 잠비아전 A매치 경기다.

허정무 감독이 이끄는 대표팀이 당시 FIFA 순위 71위인 잠비아에게 2대4로 대패하고 말았다. 한국대표팀의 FIFA 순위가 47위여서 당시로선 대단한 충격이었다. 언제나 그렇듯 경기 후 비난이 쏟아졌는데 이구동성 이야기하는 것은 바로 중원을 확보하지 못해 경기에서 졌다는 평가였다.

시작도, 경기도, 중앙을 선점하는 것이 승리의 관건임은 자명하다.

마라톤 선수는 두 가지 생각을 한다고 한다. 절반에 이르렀을 때 '아직 반이나…', '인제 반밖에…' 이 두 가지 생각 중 결국 후자의 생각이 승리로 이끄는 예가 많다고 한다.

인생, 삶, 얼마나 남았는가?

어떤 생각이 남은 삶을 강력하게 살게 할까? 아직 반이나 남았다 일까? 아니면, 인제 반밖에 남지 않았다 일까?

성경은 말씀한다.

'인제 반밖에 남지 않았다'를 붙들라고 한다. 왜? 성경은 인생을 이렇게 표현하기 때문이다.

"인생은 그날이 풀과 같으며 그 영화가 들의 꽃과 같도다" (시103:15)

무엇을 붙들고 살지는 본인 마음이다. 이쪽이든 저쪽이든 회의적인 생각을 붙든다면, 삶의 동력도 잃어버리고 말 것이다. 하지만 '삶이 벌써…' 라고 생각한다면, 그래서 내가 복음에 빚진 자라고 생각한다면, 아직도 부족하다고 생각한다면, 남은 기간 기름 철철 흘러넘치는 삶이 될 것이며, 번들번들 윤기 나는 남은 여정의 시간이 될 것이다. 물론 그 여정은 하나님과 함께 하는 시간일 것이다.

인제 반이다. 쉽다. 중원이다. 골대가 눈앞이다!

중원을 선점하자! 중원을 붙들고 결판내자! 인제 곧 다 되었음을 붙들고 결판내자! 힘이 난다. 쉽다. 아주 쉽다. 삶은 그렇게 사는 것이다.

~♥~

명사의 삶이 아니라 동사의 삶을 살라

삶,

관념적으로 살 것인가? 실제적으로 살 것인가? 또는 이론으로 살 것인가? 현장이 있는 삶을 살 것인가? 관념은 사상누각일 수 있다. 그것은 아무 것도 아니다. 능력도 없고, 생명도 없다. 그야말로 행위를 말씀하고 있는 야고보서 저자인 예수님 동생에게 흠씬 두들겨 맞을 일이다.

그러기에 관념적인 신앙 용어를 고치자. 그래야 현장의 삶이 되고 능력과 생명 있는 삶이 된다.

다음은 히브리어 단어이다. 명사로 쓰일 때와 동사로 쓰일 때 뜻이 상이한 단어들이다.

명사—믿음(에무나) ⇒ 동사—버티다, 떠받치다(아만)
명사—푯대(마타라) ⇒ 동사—지키다, 유지하다(나타르)
명사—성실(에메트) ⇒ 동사—떠받치다(아만)
명사—희망(세베르) ⇒ 동사—바라보다, 고찰하다(사바르)
명사—새벽(바케르, 샤하르, 샤켐) ⇒ 동사—구하다(바카쉬)

믿음은 물러서는 일 없이 버티는 것이다. 바울이 바라보았던 푯대는 붙들고 지키는 것이다. 성실은 버티고 끝끝내 떠받치는 것이다. 희망은 내가 누구인지 인식할 때 주어지는 소망인 것이다. 새벽은 침대에 누워 침 흘리며 쿨쿨 자는 시간이 아니라 구하는 시간인 것이다.

위 단어들은 이미 기존 신자의 뇌리에 깊이 박힌 못처럼 명사로 자리한 단어들이다. 안 된다. 빼야 한다. 과감히 빼야 한다. 아니다. 당연히 빼지 않으면 안 될 준엄한 하나님 명령임을 깨닫자.

또 다른 히브리어 "부지런히 가르치며"(신6:7)에서 '부지런히'라는 부사가 따로 없다. 단지 '가르치다'의 의미를 가진 동사 '샤난'을 강조하기 위해 그렇게 번역되었다. 그리고 이 '샤난'의 어원적 의미는 두 가지다. 하나는 "날카롭게 하다"이며 또 하나는 "반복하다"이다.

나는 목회자다. 해서 오늘 '샤난'을 붙들고 강조하며, 콱 찌르며 권면한다.

기존의 관념적 신앙에서 벗어나라! 제발이지 벗어나라!
하나님 안에서 내가 누군지 언제나 깨달아 붙들어라. 대충 믿다 포기하고 자리를 떠나는 그런 허섭스레기 믿음이 아니라 하늘나라를 바라보며 그것을 지키기 위해 죽기까지 지키고 떠받치는 견고한 신앙의 삶을 살아라! 그러려면 강력한 영적 힘이 있어야 한다. 그 힘은 다른 곳에서 주어지지 않는다. 기도함으로 주어진다.
다시 말해, 제발 새벽에 침대에서 일어나라! 그리고 성전으로 달려가 바닥에 엎드려라! 새벽은 돼지처럼 침 흘리고 쿨쿨 자는 시간 아니라 하늘 문을 열기 위해 구하는 시간임을 붙들어라!
제발이지, 제발이지, 그렇게 하라!

정통파 유대인들은 자신들의 학교를 '예시바'라고 부른다. '예시바'는 '앉다'를 의미하는 히브리어 동사 '야사브'에서 파생된 명사이다. 즉, '예시바'는 두 사람이 마주보고 앉아서 말로 서로를 가르치는 전통적인 교육기관을 말한다.

목회자가 이렇게 웹을 통해 마주보고 앉아 조근조근 말로 이야기할 때 들어라! 자꾸 말 듣지 않으면 야사브를 내려놓고 나카(세게 때리다)를 붙들 것이다.

이런 말이 있다. 맞고 나서 하지 말고 맞기 전에….

명사의 삶이 아니라 동사의 삶으로 나아가라. 명사는 멈춤이고 동사는 움직임이다. 움직여라. 그러면 된다.

고집 피우면 손해다. 그냥 항복하라

불가능은 없다고 한다.

아니다. 속지 마라. 불가능은 있다. 왜? 유한한 인간이기에 불가능한 일이 있을 수밖에 없다. 그러나 사단은 자꾸만 불가능은 없으니 해보라고 한다. 네가 잘났으니 할 수 있다고 거짓 격려한다. 불행히 인간은 그 말을 붙들고 죽으나 사나 시간을 보낸다. 그리고 결국 절망하고 무너지는 삶이 되고 만다. 때는 이미 늦었다.

하늘의 태양을 식힐 수 있는가? 없다. 하늘에서 오는 비를 마음대로 할 수 있는가? 없다. 태풍은 또 어떤가? 멈출 수 있는가? 없다. 그러니 불가능은 있다.

하나님과 겨룬다.

이길 수 있나? 없다. 그러나 우리는 기도할 때마다 하나님을 굴복시키는 기도, 하나님을 이기는 기도를 한다. 어리석기 짝이 없다.

사람들은 얍복강 대결에서 야곱이 이겼다고 말한다. 아니다. 잘 보라! 야곱은 거기에서 병신이 되었다. 그리고 결국 이름이 바뀌는 은혜를 입은 것뿐이다. 그가 하나님을 이기려했지만 되레 환도뼈가 부러져 절뚝발이 병신이 되고 간신히 이름이 바뀌는 은혜를 입은 것이다.

바울,

가시를 빼 달라 얼마나 기도했는지 모른다. 성경엔 세 번이라고 썼지만 정말 세 번만 그랬을까? 눈 감고 기도할 때마다 가시를 묵상했을 것이다. 하지만 하나님은 마음을 바꾸시지 않으셨다.

"그냥 있는 게 좋겠다."라고 하셨다.

바로를 보라!

버티면 되는 줄 알았다. 어찌되었는가? 장자까지 다 죽는 일이 벌어졌다. 9번째 재앙까지 하고 그만둘 것 같았지만…, 판단 착오! 어리석음!

기도하는가?

그런데 응답이 없는가? 혹 하나님을 바꾸려는 기도가 아닌가를 스스로에게 물어라!

기억하라!

예수님도 겟세마네 동산 기도에서 하나님을 바꾸려 하셨다가 이내 기도를 바꾸셨다. 왜? 하나님을 바꿀 수 없기에 그랬다. 불가능하기에 그랬다.

그러니 마귀에 속지 마라.

하나님께서 안 된다고 하면 안 되는 것이다. 바꾸시지 않는다. 그냥 내가 바뀌는 게 쉽다. 정말 쉽다. 그것을 우린 모르고 산다. 어리석게도 그렇게 산다. 내가 바꾸면 모든 것이 해결된다.

잊지 마라!

그런 면에서 기도시간은 내가 바뀌는 시간이요, 내가 변하는 시간이다. 하늘 문이 그제야 활짝 열리는 시간이다.

이 얼마나 쉬운 일인가! 불가능은 있다. 정말 있다. 하나님을 바꾸려하지 마라! 안·된·다.

말씀보다 강력함은 없다. 말씀으로 문제 풀어라

왕상 1장 11절~31절이다.

급박한 상황이다. 그냥 동네 아이들끼리 잔치하는 양 그런 분위기가 아니다. 12절에 나단은 이렇게 말한다.

"당신과 아들의 생명을 구할 계책을…."

무슨 말인가?

지금 상황이 심각하다는 것이다. 자칫 잘못하면 왕의 계승과정에서 죽음을 면치 못할 거라는 것이다. 21절에 왕 앞에 선 밧세바의 고백을 보라!

"나와 내 아들이 죄인이 되리이다…."

무슨 말인가?

죄인(히, 핫타)의 뜻은 여러 가지로 사용된다. 여기서는 왕의 경쟁에서 실패해 역적 또는 반역으로 몰리는 것을 말한다. 그렇다. 지금의 상황은 역적으로 몰릴 매우 급박한 상황이다.

그런데 반전은 언제나 그렇게 시작되는 건가! 이와 같은 상황에서 나단의 태도를 보라! 밧세바를 찾아가 전에 왕이 그녀에게 맹세한 말씀을 상고하게 한다. 그 다음을 보라! 왕의 약속을 다시 상고한 탓에 밧세바 역시 왕 앞에서 말씀을 붙든다. 그리고 그 다음 어떻게 되었는가? 풀렸다. 정리되었다. 29~39절을 보라! 다윗은 다시금 여호와 앞에서 맹세하며 여호와를 붙들었더니 문제가 풀린 것이다.

지금의 다윗

15절에 "왕이 심히 늙었으므로~"

무슨 말인가?

심히 늙은 다윗이다. 이 '심히(히, 메오드)'의 어원을 찾았다. "긁어모으다, 부지깽이, 타다 남은 나무"의 뜻을 지닌 '히, 우드'였다.

정리하자면, 시녀 아비삭의 시중을 받을 만큼 오늘 내일하고 있는 다윗. 사실 2장 1절에도 죽을 날이 임박했다는 표현이 있고, 실제 2장 10절에 다윗은 죽었다. 그런 다윗이 기운을 차려 하나님 앞에서 마지막으로 굳건히 맹세한 것이다.

무슨 말인가?

나단은 급박한 상황에서 처음부터 말씀을 붙드니, 결국 힘없는 노인까지 힘내서 말씀대로 정리되더라는 것이다.

힘, 아니었다.

"왕이시여! 저놈들을 당장에…"도 아니었다.

나단은 가만히 말씀을 붙들었다. 말씀으로 풀고자 했다. 그랬더니 이기더라는 것이다.

망둥이가 뛰니, 꼴뚜기가 뛰는 모습이 아니라 무서울 만큼 침착한, 그야말로 심해 바닥에 엎드린 상어 모습의 나단, 그는 말씀을 붙드는 사람이었다. 그는 싸움의 향방을 알고 있는 사람이었다. 싸움은 누가 말씀에 근거하는가가 관건임을 알았다. 결국 그는 승리하고 하나님 영광을 이끌었다.

싸우는가? 영적 싸움인가? 상대가 버거운가?

그러면 다시 돌아보라! 말씀을 붙들고 있는지를, 말씀의 견고한 터 위에 있는지를.

에베소서 6장17절의 성령의 검이 무엇인가? 말씀이다. 우리가 마귀를 이기기 위해 사용할 수 있는 공격 무기는 성령의 검 즉, 말씀밖에 없다.

나단은 그것을 붙들고 승리한 것이다. 그렇다면 너와 나는 무엇을 붙들어야 하겠는가? 바로 첫째도 둘째도 셋째도⋯ 마지막까지도 말씀이다.

잊지 마라! 말씀밖에 없다. 문제는 말씀으로 푸는 것이다.

삶의 주인은 누군가? 놓치지 마라

이런 이야기가 있다.

교회 옆에 공터가 있다. 주차장으로 쓰기에 안성맞춤이다. 한데 돈이 없다. 기도했다. 응답이 왔다. 땅 주인이 냅다 무상으로 주겠다고 했다. 그런데 조건이 있었다. 일 년에 딱 하루만 사용할 수 없다고 했다.

왜? 땅 주인이 누군지 알고 있으라는 메시지다.

다윗은 성전을 지으려했다.

하나님은 안 된다고 했다. 왜? 피를 많이 흘려서? 솔로몬도 왕이 된 후 피를 많이 흘렸다. 죽이고 또 죽였다.

무슨 말인가?

피 때문만이 아니라는 것이다. 삶과 역사의 주인이 누군지 다윗에게 말씀하시기 위해서다.

고대 근동에서는 왕이 전쟁에서 승리하고 나면 자신의 이름으로 신전을 세웠다. 그렇다. 다윗도 예외가 아니었다.

"하나님 저 이름으로 성전 하나 지어드릴까요?"였던 것이다.

해서 하나님은 "아니, 됐거든…, 없어도 되거든" 하신 것이다. "삶의 주인은 나거든! 성전 주인은 나거든! 그러니 교만 말고 잠잠해 주었으면 좋겠거든." 하신 것이다.

바울,

"가시 뽑아 주시면 더 잘할 건데요?"

하나님,

"아니, 됐거든. 교만해 질 수 있거든. 다 된 밥에 코 빠뜨리는 일이거든. 그러니 그냥 가시 가지고 있어." 하신 것이다.

그랬더니 "내가 약할 그때가 곧 강함"이라는 믿음의 고백이 바울에게서 나올 수 있었다.

모세,

종 되었던 이스라엘 백성을 애굽에서 이끌어냈다. 10가지 재앙 중심에

서서 하나님과 같았다.

40년 광야의 삶, 홍해를 가르고, 하나님을 대면하고, 백성 위해 변호하고, 만나와 메추라기로 굶기지 않고…, 그야말로 하나님과 같았다.

눈 앞, 가나안 땅이었다. 하지만 거기까지였다.

하나님을 드러내지 않고, 분 내어 반석을 두 번 두드린 것을 들어 가나안에 들어가지 못한다고 했다. 하지만 그뿐일까? 아니다. 40년 이 모든 일의 주인이 하나님임을 깨닫게 하는 하나님의 아픈 사랑의 메시지가 있는 것이다. 다 누리면 변질될까봐, 나 잊어버릴까봐. 해서 나머진 여호수아에게 맡기고 "인제 넌 그만!" 하신 것이다. 가나안 입성 바로 코앞에서 모세는 하나님을 깊이 생각할 수밖에 없었을 것이다. 그건 은혜다.

엘리야,

850 대 1의 승리 이후, 이세벨이 무서워 도망…, 로뎀나무 아래의 엘리야….

"인제는 죽게 해주세요."

하나님의 세미한 만지심…, 회복…, 아! 하나님, 하나님 없인 안 되는구나… 삶의 주인은 하나님이구나… 나중에 더 크게 사용하시기 위한 하나님의 이끄심이었다.

"이세벨한테 벌벌 떠는 게 바로 너 거든." 하신 것이다.

"나 아니면 안 되거든…." 하신 것이다.

목회자인 나도 그렇다. 한 형제에게 수요일마다 차비 5천 원을 준다.

한데 가끔 주지 않는다. 그러면 말 안 해도 얼굴에 발끈한 기색이 역력하다. 그래도 모른 척 한다. 왜? 권리로 누리지 말고 감사함으로 누리라고. 목회자의 아픈 사랑의 메시지다.

공기, 당연한가?
물, 당연한가?
가까이 있는 사랑, 당연한가?
아니다. 감사함으로 받아라! 그래야 오래간다. 그래야 감사가 끊이지 않는다. 권리라 생각하면 그때부터 불평불만이 터져 나온다.

잊지 마라!
모든 것이 내 것 아님을 알라! 그러지 않으면 하나님은 그것 뺏어 가신다. "됐거든!" 하신다. 땅을 치고 통곡할 일이 생긴다. 그러니 감사, 감격하며 찬양해야 할 일임을 알라! 그래야 하나님 사랑, 하나님 은혜, 물댄 동산처럼 언제나 철철 흘러넘친다.

기억 하라!
바보처럼 권리를 주장하다 쪽박 차지 말고, 풍성함을 누리고 또 누리는 지혜를 붙들어라!
그러면 하나님도 좋고, 우리는 물론 좋아 죽는 삶 된다. 할렐루야!

공간을 확보하라! 그래야 삶이 윤택해진다

PC 기능의 능력 척도는 무엇인가?

무게의 초경량? 속도의 빠름? 그렇다. CPU 공간이 얼마나 확보되느냐가 관건이다.

나는 프로그래머였다. 한동안 프로그램을 개발했다. 프로그램의 효율성은 언어를 가급적 짧게 코딩해 돌아가게 하는 것이다. 즉, 복잡하게 코딩하지 말라는 것이다. 복잡하다는 건 그만큼 코딩이 길다는 이야기다. 길다는 이야긴 CPU에 공간 차지뿐 아니라 연산처리 힘들게 한다는 말이다. 다시 말해 컴퓨터가 느려진다는 거다. 왜? 공간이 좁아져 줄어든 이유다.

아메리칸발레시어터의 수석 무용수 서희.

30대 나이로 세계 3대 발레단으로 꼽히는 ABT에 입단. 뉴욕타임즈 선정 올해의 무용수로 뽑히기도 하고, 2012년에는 역사상 처음으로 아시아인이 수석 무용수에 오르기도 했다. 수많은 경력과 수상들….

후배들에게 중요하게 가르치는 부분이 있느냐는 질문에, "어떻게 가르쳐야 콩쿠르에서 1등할까"가 아니라 "무용수가 되려면 무엇이 필요한가?"를 알려 준다고 했다. 왜 발레 하고 싶은지, 어떤 춤을 어떻게 추고 싶은지를 끊임없이 스스로 생각할 수 있는 룸(room)을 만들어 준다는 이야기였다.

그리고 이렇게 덧붙인다. "무용수는 새로운 걸 창조해내야 하는 크리에이터(creator)다. '룸'은 상상을 펼치는 공간이다. 상상력의 공간이 있느냐 없느냐에 따라 단순히 발레만 하는 사람인지, 크리에이터인지 나뉜다."라고 했다.

또한 "발레는 무대 미술, 패션, 조명, 음악이 어우러져 있는 종합예술이다. 무용 말고 다른 예술 분야 사람들과 대화하면서 발레에 상상력을 더한다."고도 했다.

그녀 말의 요지가 무엇인가?

그렇다. 상상을 펼치는 공간이 충분히 확보되어야 제대로 된 춤을 출 수 있다는 것이다. 그래야 종합예술을 할 수 있는 능력자가 된다는 것이다.

나는 수채화를 그린다. 수채화의 매력이 무엇인가? 여백이다. 그래서 수채화를 보면 시원하다. 삶의 여유를 느낀다. 전문가 전호 씨의 작품을 보라! 그러면 수채화의 진수를 느낄 수 있다. 그곳에선 흐름에 감동하고 여백에 찬사를 보낼 것이다.

엘리야 이야기를 하자!

잠시 전까지 승승장구, 의기양양, 파죽지세, 일취월장….

하나님은 그런 그의 머리를 비우기 위해 광야로 이끄셨다. 왜? 이전보다 더 크게 사용하시기 위해서다. 번아웃되고 텅 빈 엘리야는 다시 하나님을 세미하게 만난다. 그리고 회복한다. 더 크게 사용된다.

바울을 보자!

이방의 사도가 되기 전, 그의 머릿속 이전 것을 깡그리 비우기 위해서 소경도 되고 아리비아 사막 광야 생활 3년도 보내야 했다. 나중에 그의 고백을 보라!

"또한 모든 것을 해로 여김은 내 주 그리스도 예수를 아는 지식이 가장 고상하기 때문이라 내가 그를 위하여 모든 것을 잃어버리고 배설물로 여김은 그리스도를 얻고"(빌3:8)

요즘 하나님과의 관계가 소원(疏遠)한가?

그러면 공간을 점검하라! 하나님이 들어올 수 있는 공간, 하나님이 머물 수 있는 공간, 하나님과 대화할 수 있는 공간 말이다.

꽉 찬 가슴과 머리엔 하나님께서 오실 수도, 머무르실 수도 없다. 비워라! 그것도 가급적 텅텅 비워라! 그게 능력이 된다.

진공의 흡입이 왜 강력한지 아는가? 텅 빈 공간이기 때문이다.

삶이 강력하고 싶은가? 그러면 먼저 비워라! 텅 비워라! 그리고 하나님의 것으로 채워라! 이건 만고(萬古)의 진리이다.

주님은 새벽 미명에 왜 기도하러 갔었나? 주님 것이 아니라 아버지 하나님의 것으로 채우기 위해서다. 하물며 너와 나는 어찌해야 하겠는가? 답은 이미 우리 맘속에 있다. 비움이다. 그 빈 곳에 하나님의 채움이다.

네비게이션이 주는 은혜

길을 모른다.

초행길이다. 아줌마가 있다. 든든하다. 네비 아줌마! 아줌마 말만 잘 들으면 된다. 정확하게 데려다 준다.

네비 아줌마가 얼마나 친절한지 아는가? 아무리 잘못해도 욕 안 한다. 신경질 안 낸다. 끝까지 목적지를 가리켜 준다. 성인군자도 '뜨악'할 것이다. 뭐야! 저건 도대체…, 신실함은 하나님과 비슷(?)하다.

근데

딱 하나 단점이 있다. 주기적으로 업그레이드해야 한다. 그렇지 않으면 엉뚱한 곳에 데려다 준다. 이것 역시 정확하다.

지난번 믿고 갔다가 생명이 단축돼 주님 앞에 곧 서는 줄 알았다. 하여튼 주위를 몇 바퀴나 돌았는지 모른다. 네비 아줌마는 계속 맞다고 하고 옆에 진짜 아줌마는 아니라고 하고… 단박에 스위치 off! 이후 업그레이드 후 사용했다.

무슨 말인가?

길 안내는 정확해야 한다. 그래야 신뢰할 수 있다. 한 번 신뢰를 잃으면 회복하기 어렵다. 해서 가능하면 수시로 업그레이드해 최상의 정보를 확보해야 한다.

"너희는 세상의 빛이라 산 위에 있는 동네가 숨겨지지 못할 것이요" (마5:14)

우리는 세상의 빛이다.

세상을 밝히는 자들이다. 어두운 세상 속 사람들은 우리를 보고 따라온다. 그런데 길 헤맨다? 큰일 날 소리다. 안 될 말이다. 하나님께 얻어 터질 말이다.

스스로에게 물어라!

어떤 빛인가? 제대로 빛나는, 모두에게 유익한 그런 빛인가, 아니면 너와 나 함께 지옥으로 가게 하는 무익한 빛인가?

길 안내는 업그레이드에 달렸다. 끊임없이 말씀으로 새로워야 한다. 그런데 빛 잃은 지 이미 오래 되었어도 여전히 빛인 양 착각하고 새로움도 점검도 없이 그대론가? 다 죽이는 짓이다. 안 된다.

"주의 말씀은 내 발에 등이요 내 길에 빛이니이다" (시119:105)

주의 말씀 내 발의 등이라고 했다. 주의 말씀이 길 안내자라는 말이다. 주의 말씀으로 끊임없이 업그레이드해야 한다는 말이다.

묻는다!

너 하나님의 사람아!

길 안내자인가? 세상의 빛인가? 그러면 말씀이 있고, 또 끊임없이 업그레이드하고 있는가? 아니라면 당신은 가짜, 짝퉁이다.

"누구든지 나를 믿는 이 작은 자 중 하나를 실족하게 하면 차라리 연자
맷돌이 그 목에 달려서 깊은 바다에 빠뜨려지는 것이 나으니라"(마18:6)

연자 맷돌을 목에 걸어 깊은 바다에 그것도 함께 빠지는 어리석고 악
한 자다. 길 안내자 아니라 사단의 사주 받은 자이다.

"악한 자의 나타남은 사탄의 활동을 따라 모든 능력과 표적과 거짓 기적
과 불의의 모든 속임으로 멸망하는 자들에게 있으리니 이는 그들이 진리
의 사랑을 받지 아니하여 구원함을 받지 못함이라"(살후2:9,10)

안 된다.
잊지 마라! 길 안내자는 말씀을 들고 있어야 한다. 그 말씀으로 날마
다 업그레이드해서 새로워져야 한다.

"이는 곧 물로 씻어 말씀으로 깨끗하게 하사 거룩하게 하시고"(엡5:26)

"그러므로 우리가 낙심하지 아니하노니 우리의 겉사람은 낡아지나 우리
의 속사람은 날로 새로워지도다"(고후4:16)

그래야 정확하게 길을 안내할 수 있다. 짝퉁인 곳, 엇비슷한 곳으로 안
내하면 큰일 난다. 그러니 끊임없이 말씀으로 새롭게 업그레이드하라!

최상의 길 안내자가 되라! 그래야 누구나 신뢰하고 따른다. 신뢰가 무너지면 그것으로 끝장난다. 단박에 power off 된다. 이후 밖에 버려져 오가는 사람들에게 다만 밟힐 뿐이다.

"너희는 세상의 소금이니 소금이 만일 그 맛을 잃으면 무엇으로 짜게 하리요 후에는 아무 쓸 데 없어 다만 밖에 버려져 사람에게 밟힐 뿐이니라"
(마5:13)

똑똑한 네비 아줌마를 확보하라! 똑똑한 영적 길 안내자의 영성을 확보하라! 그러면 모두가 행복해진다.

"목적지에 도착하였습니다. 길 안내 서비스를 종료하겠습니다."

바로 왔다면 천국이다. 아니면?
큰·일·이·다.

회개 제대로 알고 하라

하나님은 모자람이 없으시다.
해서 우리가 필요 없다. 그런데 정작 우리는 이렇게 생각한다.
"하나님 우리가 있어야 되지요?"

웃긴다. 가소롭다.

"없어도 되거든!"

그럼에도 불쌍해서, 참으로 불쌍해서, 그래서 우리 수준까지 내려와 만나주셨다.

그러니 은혜를 안다면, 하나님의 사랑을 안다면, 그 사랑에 감사한다면, 회개를 그딴 식으로 하면 안 된다. 바르게, 제대로, 정확히 해야 한다.

그럼에도 우린 여전히 이렇게 기도한다.

"생각해 보니 잘못한 거 같아서…, 기도 한 번 할 테니 들어주소서. 사실 바쁜 와중에 기도하는 거 말이 쉽지 어렵거든요! 그러니 대충, 적당히 해서 용서하세요. 저의 속마음 아시잖아요. 그러니 그렇게 해주세요. 이 정도도 큰 맘 먹고 하는 겁니다. 아시겠죠! 그렇게 까탈스럽게 하실 필요까지 없잖아요."

참으로 가소롭고 천 번 만 번 멸망할 자들이 아닌가!

잘 들어라! 단단히 들어라!

회개하다(헬, 메타노에오)는 '마음을 바꿔주다, 새 마음을 주다'이다. 마치 헌 차를 버리고 반짝반짝 새 차를 구입한 것과 같다. 고장이 있을 수 없다. 물론 새 차라고 고장 나지 말란 법 없지만 고장이 난다면 큰일 난 것처럼 회사를 상대로 배상을 요구하든지 다시 새 차 달라고 하든지 야단법석을 떨어야 하는 중차대한 일이다. 새 차 고장? 그럴 수도 있겠지가 아니다. 도시 있을 수 없는 일이 벌어진 것처럼 받아들여야 한다. 심각하게 받아들여야 한다. 천지개벽! 방방 뛰며 난리쳐야할 일이다. "어떻게 이런 일이!" 해야 한다.

회개,
무슨 말인가?
'무슨 잘못한 것을 빌다'가 아니다. '반성하고 뉘우치다'가 아니다. '단순 고장 났네' 차원이 아니다. '그럴 수도 있지'가 아니다.

나에게 없는 하나님의 마음을 넘겨받아 완전히 새로운 존재가 되어 그야말로 완전히 새 차여서 고장 나면 안 되는 것을 의미한다. 두 번 다시 죄 지으면 안 된다는 것을 의미한다. 헌 차처럼 두 번 다시 고장 나면 안 된다는 것을 의미한다. 그랬다간 결딴나는 것을 의미한다. 도무지 있을 수 없는 일을 의미한다.

"누구든지 그리스도 안에 있으면 새로운 피조물이라 이전 것은 지나갔으니 보라 새것이 되었도다" (고후 5:17)

내가 '새로운 피조물', '새것' 이렇게 된 것을 의미한다.
그러니 단순 뉘우침이 아니다. 단순 반성이 아니다. 간두지세(竿頭之勢)의 심각한 돌아섬이다. 제대로 알고 기도하라!

다시 한 번 말한다.
하나님은 완전하신 분이다. 모자람 없으신 분이다. 우리가 있으나 없으나 상관없으시다.

A.W 토저의 '하나님을 바로 알자'를 읽어 보라! 우리 불쌍해서 만나 주시는 것이다. 그분 자체가 사랑이셔서 그냥 만나 주시는 것이다. 그러니 은혜로 알아 가소롭고, 우습게 기도하지 마라!

다시, 또다시 강조한다.

잊지 마라! 회개, 완전 새로운 피조물, 새것이 되는 것을 의미한다. 새로운 피조물, 새것! 마치 프레스에 우리를 넣고 눌러 기름을 짠다면 다름 아닌, 하나님 닮은 사랑의 기름, 하나님 입에 있는 말씀의 기름만이 흘러나오는 것을 말한다. 더러운 이물질이 흘러나와서는 안 되는 것을 말한다.

새로운 피조물, 새것이란 그런 것이다.

다시 죄? 안 된다. 천지개벽할 일이다. 핫바지 방귀 빠지듯 설렁설렁 넘어가는 차원의 것이 아니다. 그러니 회개, 허섭스레기가 아니다! 목숨 거는 일이다.

이사야처럼,

거룩한 하나님을 보고 "나는 이제 죽었다" 하는 예민함이 있는가? 절망이 있는가? 없다? 그러니 가슴 찢는 회개를 못 한다. 제발, 그 입 다물라!

"내가 나의 마음에 죄악을 품었더라면 주께서 듣지 아니하시리라" (시 66:18)

"네 노랫소리를 내 앞에서 그칠지어다 네 비파 소리도 내가 듣지 아니하리라"(암5:23)

기억하라!

사사기 2:5절의 삶이 따라오지 않는, 희생 없는, 아직 내 고집이 남아 있는, 단순한 '보김'(우는 자들)이 아니라, 닭 울고 난 후 베드로의 표면적 통곡이 아니라, 사도행전의 베드로와 같은, 근본이 바뀐 회개의 삶, 희생과 순교의 삶을 이끄는 그런 회개를 하라! 그런 회개라면 입 크게 벌려 울어도 된다!

회개 바로 알고 하라!

~~~~~~~

명품 인생, 리어카 인생

그 옛날,

스텔라가 고장 나면 망치 하나 드라이브 하나 가지고 뚝딱거리면 되었다. 그러나 명품은 전자 시스템으로 정밀 검사를 하고 오류를 해결해야 가능하다. 그것도 시간이 오래 걸린다. 오래 걸린 만큼 완벽하다. 하지만 스텔라는 자주 가다 서다를 반복한다. 명품은 오래오래 탄다. 일 년이고 이 년이고 고장이 없다. 명품이기에 그렇다.

프로그램 코딩,

0과 1만 인식하는 컴퓨터, 상상을 초월할 만큼 예민하다. 그야말로 일점일획이 틀려도 오류가 발생해 프로그램은 실행이 안 된다. 먹통 된다. 그래서 TV뿐 아니라 컴퓨터도 바보라 한다. 그래도 잊지 마라! 컴퓨터다.

그에 반해 수기 작업, 대충해도 내가 알고 기억하는 자료이면 그만이다. 남은 몰라도 된다. 나만 알면 된다. 호환 없다. 1인용이다. 하지만 시간이 갈수록 자료의 양이 늘어나면, 때때로 기억하지 못하는 자료로 인해 손해를 본다. 그러다 기억나지 않는 자료는 영구히 기억에서 사라지고 만다. 결국 짜증낸다. 투덜댄다. 피곤하다. 느리다. 비효율적이다. 바보고 어리석다.

사람도 그와 같은 사람이 있다. 그래도 나름 열심히 산다는 말에 위로받는다. 기억하라! 그 이상도 그 이하도 아닌 삼류 인생, 아날로그 인생이다.

그러나 그것을 아는가!
프로그램 코딩이 오류 없이 완료되면 데이터 처리는 일사천리다. 어떤 복잡한 문제도 단박 해결한다. 호환 가능하다. 수십 수백이 함께 이용 가능하다. 그래서 컴퓨터 컴퓨터 노래하는 것이다.

그와 같은 삶을 사는 사람을 명품 인생, 디지털 인생이라 한다.

죄로 인한 징계,

아간은 끝까지 묵묵부답으로 일관했다. 그닥 온전히 고칠 생각이 없다. 사울은 끝까지 돌이킴 없이 마이웨이했다. 그닥 완벽히 고칠 생각이 없다. 틀려도 당장 좋으면 그만이다. 망치로 드라이버로 뚝딱거리는 삼류, 하류 인생이었다.

죄로 인한 징계, 여호수아는 끝까지 엎드렸다가 문제해결 후 일어났다. 그 후, 가나안 정복 사건을 보라! 일사천리 승승장구했다. 다윗은 눈물로 침상을 띄우며 이후의 삶을 하나님 중심으로 살았다. 그 후 여차하면 엎드려 하늘 은혜를 구했다. 명품 인생들이었다.

프로그램 코딩의 완벽처럼, 그와 같은 맥락에 있는 단어를 보자! 바로, 거룩이다. 헬라어로 '하기오스' 히브리어로 '카데쉬'다. '구별되다. 깨끗하다'이다. 그런데 그 어원을 찾았다. '무서워하다'였다. 근접할 수 없는 경외의 대상을 말한다. 완전함의 대상을 말한다. 즉, 프로그램의 완벽처럼 일점일획 완전 무오한 대상을 말한다.

그분 하나님,

우리 아버지시다. 우린 그 하나님을 섬긴다. 거룩하신 분, 두려우신 분, 완전 무오하신 분, 일점일획 틀리지 않으신 분, 그분을 섬긴다.

그런 하나님을 섬김에 우리에게 오류가 없는지 묻자! 조금 틀려도 그냥 대충 하려고 하는가? 회개도 대충, 믿음도 대충, 예물도 대충 하려고 하는가? 망치 들고, 드라이버 들고 뚝딱거려 대충 고치고 나아가려 하는가? 안 되면 수기라도 해서 마이웨이 내 방식대로 빙빙 돌아가려고 하는가? 아간과 사울처럼 하려고 하는가? 망하는 길 극구 가려고 하는가?

삼류, 하류 인생 살려고 하지마라! 명품 인생은 그렇게 사는 것이 아니다.

잊지 마라!
그러면 안 된다. 정확하게 해결해야 나아갈 수 있다! 고치지 않으면 어떤 움직임도 기대할 수 없음을 알라! 그것이 오류 없는, 그것이 명품, 거룩한 삶이다. 망치, 드라이버를 당장 내려놓아라! 명품, 거룩을 뚝딱거림으로 해결할 수 없다. 세미한 전자 시스템으로 진단하고 고쳐야할 명품의 영역, 디지털의 영역이다.

기억하라!
명품은 점검 불이 들어오면 절대 시동이 걸리지 않는다. 하지만 리어카는 전천후다. 그냥 끌면 된다. 그러나 리어카에는 쓰레기를 싣는다. 명품 차에는 격 맞는 사람이 탄다.

당신은 지금 리어카에 탔는가? 아니면 명품에 올라타 있는가? 우린 쓰레기 인생이 아니다. 우린 신묘막측하게 지음 받은 명품 인생이다. 그것을 붙들어라! 명품은 대충 사는 게 아·니·다!

돌아오는 자, 역전의 주인공이다

소아시아 일곱 교회의 라오디게아 교회 이야기다. 칭찬만 받은 서머나, 빌라델비아 교회를 빼고, 나머지 네 개 교회는 책망과 함께 칭찬을 받았다. 그러나 라오디게아 교회는 칭찬거리가 없어 책망만 받았다.

전문가들은 아이를 책망할 때 여하튼 억지로라도 잘한 것을 찾아 칭찬한 후 책망하라고 이구동성으로 조언한다. 왜? 그래야 책망이 상처가 되지 않고 자연스레 전달될 수 있기 때문이란다.

사실 아이 키우는 부모로서 그 말에 공감한다. 다짜고짜 책망만 할 때와 칭찬과 책망을 병행 할 때, 그 차이를 확연히 느낄 수 있기 때문이다. 그래서 어떤 작가는 칭찬하면 고래도 춤춘다고까지 말했다.

그런 맥락에서 라오디게아 교회는 책망밖에 없다. 아프다. 힘겹다. 차갑지도 뜨겁지도 않아서 토해 버린다고 막말까지 들었다.

그뿐인가! 너는 곤고한 자다.

무슨 말인가? 전쟁으로 인해 폐허가 된 모습과 같다는 것이다.

너는 가련하고 가난하다.

무슨 말인가? 부활을 믿지 못해 구원받지 못할 믿음 없는 불쌍한 자라는 것이다.

너는 눈도 멀고 발가벗었다.

무슨 말인가? 아무 것도 모르는 바보 천치라는 것이다. 미련하고 어리석기 짝이 없다는 것이다. 요즘말로는 "그러니 이 바보 병신아! 제발 안약이라도 사서 바르고 너 꼬락서니를 보라"는 말이다.

이쯤 되면 소망이 없다. 절망이다. 한데 우리 아버지, 사랑의 아버지, 극적인 아버지 아닌가! 절절한 사랑을 고백하신다. 계3:19이 그 고백이다.

"무릇 내가 사랑하는 자를 책망하여 징계하노니 그러므로 네가 열심을 내라 회개하라." (계3:19)

이 무슨 말씀인가?

먼저, 다른 교회에선 한 번도 언급하지 않은 '사랑'을 말씀하신다. 그리고 '무릇'을 다른 말로 하면 'as many as(얼마든지)'라는 말인데, 즉, "나는 너를 사랑하기에, 너무너무 사랑하기에, 그러기에 당연히 책망하는 거거든"이다.

그뿐인가?

열심을 내라, 회개하라는 말이 무슨 말인가? 열심을 내라(헬, 젤류-현재 명령형), 회개하라(헬, 메타노에손-부정 과거 시상)이다. 이 두 개의 명령문을 문장 흐름에 맞추면,

"단번에 회개하고 그리고 지속적으로 열심을 내라."라는 뜻이다.

그러니까 이 말들을 정리하자면,

"얘야! 아빠가 책망하는 건 사랑으로 하는 것이란다. 그러니 회개하고 인제부터 열심만 내면 돼."이다.

그뿐인가?

"애야! 아빠가 문 밖에서 똑똑 두드릴 거니까 문만 살짝 안으로 열면 돼. 그러면 아빠가 네게로 들어가서 안아주고 뽀뽀도 해주고 할 거야."

어디 그뿐인가?

"그리고 힘들더라도 열심을 내서 어려움 이기면 내 옆에 영원히 앉게 될 거야!"

우리 아버지, 하나님 아버지, 라오디게아 교회를 향한 아버지의 특별한 사랑, 미운 놈 떡 하나 더 준다고 했던가! 언제나 극적이시다. 그러기에 어떤 일이 있어도 낙심하지 말라! 실망하지 말라!

저 이스라엘 백성을 향한 하나님을 보라!

나라를 잃게 하고, 포로로 잡혀가게 해도, 언젠가 반드시 다시 일으켜 세울 거라고 선지자들을 통해 말씀하지 않았는가! 언제나 반전 역전극을 예비해 두시는 하나님, 신실하신 우리 아버지!

힘든가? 무참히 깨지고 도저히 일어날 힘도, 아버지께로 돌아올 힘도 없는가?

아니다. 오라! 그러면 산다. 역전의 삶이 언제나 예비되어 있다. 그냥 돌아오기만 하면 된다. 역전의 주인공 된다. 깨지고 더 깨진 모습일수록 역전의 감격이 더할 것이다.

권면한다. 다시 힘내라! 그리고 돌아와 역전의 주인공이 되라! 그게 하나님 영광됨의 삶이다. 축복한다. 역전이 기다리고 있다. 제발 그분을 만나라! 주인공이 되라! 돌아오는 자 역전의 주인공이다!

"내가 일어나 아버지께로 가서 이르기를 아버지 내가 하늘과 아버지께 죄를 지었사오니" (눅15:18)

문제를 바로 보라! 그래야 풀린다

1+1=2, 1-1=0이다. 둘 다 맞다. 근데, 물 한 방울+물 한 방울 = 물… 두 방울? 큰 한 방울? 문제가 성립되지 않는다. 장난이다.

최근 세상이 우리에게 던지는 문제 중 동성애가 있다. 맞나 안 맞나 묻는다. 문제 성립이 안 된다. 장난이다.

그런데 이런 장난에 본의 아니게 맞장구쳐 되레 그 장난에 기여(?)하는 일이 벌어지고 있다. 물론, 그 일에 수수방관하라는 말이 아니다. 악은 적극 대처해야 옳다. 합법화하는 법안 저지 운동, 그들의 축제에 맞선 맞불 집회, 서명 운동, 사이버 공간에서의 홍보…, 하지만 적어도 하나님의 사람들은 그 문제를 보는 시각, 그러니까 해결 방법에 대한 접근이 근본적으로 달라야 한다. 해답은 성경 속 하나님 말씀이다.

사사기다.

사사기를 한마디로 정리하면, 하나님 없이 자기 소견대로 살다 망한다는 이야기다.

무슨 말인가? 내가 좋으면 그만이다. 하나님이고 누구고 간에 필요 없다는 것이다. 이런 사사기의 교훈, 문제를 풀 수 있는 정확한 해답이다. 그들은 왜 고통당했나? 다시 한마디로 정리하면, 나름 소견대로 살다 불순종해 징계 받았기 때문이다.

"이스라엘 자손이 여호와의 목전에 악을 행하여~"(삿2:11)

"그 때에는 이스라엘에 왕이 없으므로 사람마다 자기 소견에 옳은 대로 행하였더라."(삿17:6)

이 두 말씀은 사사기의 핵심이다. 그들 고통의 핵심적인 원인이다. 그런데 고통이 어떻게 임하나? 그렇다. 삿2:14절 이하를 보라! 하나님이 그들을 대적들에게 넘기신다는 것이다. 대적들이 힘을 얻어 일어선다는 것이다. 그 대적들이 철권으로 통치한다는 것이다.

메소보다미아 왕 구산 리사다임 밑에서 8년, 모압왕 에글론 밑에서 18년, 가나안 왕 야빈 밑에서 20년, 미디안 밑에서 7년, 블레셋과 암몬 밑에서 18년, 블레셋 밑에서 40년.

무슨 말인가?
하나님 백성들이 죄악을 일삼을 때 대적들이 기세등등하게 일어나더라는 것이다. 하나같이 그 원리가 있더라는 것이다. 혹여, 당신에게 지금 힘듦이 있는가? 그렇다면 당신에게 문제 있음을 알라! 그것을 깨달으라고 하나님께서 주신 것이다.

동성애 역시 마찬가지다. 처음부터 문제도 아닌 것이 그 기세가 인제 만만찮다. 우리나라뿐 아니다. 보란 듯 드러내놓고 난리다. 버젓이 공공연하게 공언하기도 한다. 심지어 일반인 중에도 그들을 향해 대견스럽다 더 나아가 자랑스럽다고까지 이야기한다. 어이없고 기가 찰 노릇이다. 아버지… 아! 어째 이런 일이ㅠㅠ!

하지만! 서두, 제목에서 밝힌 것처럼, 이와 같은 문제를 푸는 열쇠를 놓치지 말아야 한다. 문제도 아닌 것을 문제시해서 우리 시야를 흐트림에 현혹되지 말아야 한다. 그렇다면, 해답은 어디 있나?

위에서 언급한대로 대적들은, 악한 자들은, 하나님 백성인 우리의 죄로 일어났다는 사실을 붙들어야 한다. 그러므로 가슴 찢는 회개의 절규만이 있을 뿐이다! 나의 더러움으로 인한 징계로 알고 단박 엎드려 굵은 베 옷 입고, 재 뒤집어쓰고 해가 저물도록 엎드려야 한다! 다른 해법은 없다. 유일한 해법인 회개를 죽으나 사나 붙들지 않으면 안 된다. 그렇지 않으면 우린 조만간 함께 무너지고 만다. 곧, 끝난다.

사사기를 왜 주셨나? 역사서를 왜 주셨나? 깨달아 알라고! 깨달아서 다신 어리석은 일 반복하지 말라고! 신명기에 가장 많이 나오는 말 "기억하라!"이다. 성경 전체 38번 중에 신명기에서만 10번이나 쓰였다. 무슨 말인가? 복 받는 일, 징계 받는 일의 원인을 잊지 말라는 것이다.

그렇다. 기억하라!
문제도 아닌 것이 시대의 화두가 되어 지금 우리 곁에 다가와 비웃고 있다. 우리 죄악으로 말미암아 일어선 더럽고 추한…, 가나안의 야빈이다. 모압의 에글론이다. 메소보다미아의 구산 리사다임이다. 블레셋과 미디안이다. 앗수르와 애굽과 바벨론이다.

문제 해결, 간단하다. 하나님께 돌아가면 된다. 그러면 우리 문제는 풀린다. 동성애 문제도 끝난다.

이 땅의 1천만 하나님 백성들이여!
하나님께로 돌아가자! 그래야 살고 정녕 죽지 않는다. 그래야 소망이 있고 백년대계의 역사가 이어진다. 목이 곧아 역사의 흐름을 단박에 끊을 소냐! 절대 그럴 순 없다.

잊지 마라!
해답은 간단하다. 무작정 하나님께 돌아가자! 그러면 대적들은 싹 정리된다. 쉬운 길 두고 어렵게 머리 싸매지 말라!

마지막 때, 너! 하나님의 사람아! 하나님의 애절한 요청을 받아들여라!

"내 이름으로 일컫는 내 백성이 그들의 악한 길에서 떠나 스스로 낮추고

기도하여 내 얼굴을 찾으면 내가 하늘에서 듣고 그들의 죄를 사하고 그들의 땅을 고칠지라"(대하 7:14)

문제를 바로 보라! 그래야 풀린다. 돌아가는 게 살·길·이·다.

⌘

이래도 좋고 저래도 좋은 삶

"아빠, 저는 다람쥐 쳇바퀴 도는 삶 살기 싫어요."

25살 딸아이의 말이다. 딸아이의 말은 계속 되었다. 결국 말의 요지는 자신이 아는 몇몇 사람처럼 무료한 매일의 삶이 아니라, 전문직을 가져 사람과 시간과 공간에 구애받지 않고 자유로이 누리는 삶을 살 거라는 이야기였다. 하나님이 쏙 빠진 인생을 말하고 있었다.

"그렇게 살다가 한방에 '훅'…."

당신은 어떤가?
매일의 삶이 다람쥐 쳇바퀴와 같은 삶이라 무료한가? 그래서 삶의 의지가 없는가? 마지못해 살아가는가? 그래서 매주 6개의 숫자라도 긁고 있는가? 그게 유일한 낙이라서, '그거라도 없으면…' 하고 사는가? 그런데 당신은 지금 나이가 몇이요?

웃기지 마라!

노아 할아버지 비웃으실라! 자그마치 100년이다. 그것도 '비'라는 것도 모른 채, 그러니 홍수라는 것도 자연스레 모른 채, 그렇게 100년 동안 방주를 만들었다.

웃기지 마라!

바울 사도도 웃겠다. 회심 후 줄곧 전도여행을 다녔다. 자그마치 지구의 반이다. 걷고 배 타고… 주님 언제 오실 지 기약 없는 시간 속에서, 그것도 돌 맞아가며, 감옥에 감금되며, 굶어 가면서 그렇게 죽음을 맞았다.

웃기지 마라!

누가 복음의 안나 선지자가 웃겠다. 이스라엘의 조혼 풍속에 따라 14세에 결혼해 7년 결혼의 삶, 84년 과부의 삶 도합 105세 동안 성전을 떠나지 않고 금식과 기도로 메시야를 기다리며 살았다. 그것도 400년 암흑기로 메시야 이야기가 사라진 가운데서 말이다.

이 모든 삶 무엇을 말하고 있는가?

노아의 밑도 끝도 없는 기다림, 바울의 밑도 끝도 없는 전도와 핍박, 안나의 밑도 끝도 없는 금식과 기도… 하지만 그들 속 하나님 있음은 공통이다. 그들 삶에 하나님 있음에 풍성함이다.

물론,

그들의 삶은 다람쥐 쳇바퀴 같은 삶이다. 하지만 그 속에서 하나님을 붙드니 무료하지 않았다. 그 속에서 하나님 동행하니 매일의 삶은 기대의 삶이었다. 그렇게 사니 다람쥐 쳇바퀴 안의 삶은 감격의 삶이었다.

기억하라!
바울은 이렇게 이야기했다. 하늘나라 가도 좋고, 가지 않아도 좋고, 이래도 좋고 저래도 좋고. 그야말로 다람쥐 쳇바퀴 안이면 어떤들, 다람쥐 쳇바퀴 밖이면 어떤들, 하나님이 계시면 그만이라 했다.

누가, 이들의 삶을 무료하다 하겠는가? 아니다. 오히려 부러워 할 것이다.

억만금 가지고도 하나님이 없으면 의미 없는 무료한 삶이요, 하늘의 별을 떨어뜨릴 힘이 있다 해도 하나님이 없으면 허망한 삶, 허무한 삶, 무료하고 지루한 삶, 절망과 무의미한 삶이다. 그러나 빈털터리가 된들 하나님만 있으면 나사로의 하늘 소망, 할렐루야 한다. 찬양의 삶, 감격의 삶, 할렐루야 삶, 넉넉한 삶이 된다.

당신의 삶이 무료한가? 아직도 다람쥐 쳇바퀴인가? 그러면 당신의 삶에 하나님이 개입하게 하라! 하나님을 붙들어라! 그러면 된다. 간단하다. 아주 간단하다. 노아, 바울, 안나는 하나님 붙드는 간단한 삶으로 풍성한 삶을 누렸다. 잊지 마라!

하늘 백성들이여!

저들의 삶을 도전 삼고, 붙들고 놓지 말라. 해서 내가 이곳 세상에 있어도 좋고, 하늘 저편 천국에 있어도 좋은, 이래도 좋고 저래도 좋은 삶, 바울의 삶을 살라! 할렐루야!!!

가치를 어디에 두고 살 것인가 (1)

아버지께서 다니시는 경로당의 10원짜리 고스톱.

200원을 따신다. 표정이 밝으시다. 200원 잃으신다. 그날 저녁 집안 분위기가 싸하다. 아버지의 애견 다롱이도 눈치를 보며 슬금슬금 기죽는다.

최근 도심 주부도박단, 하루 5~6억, 판돈 60억.

무슨 말인가?

이상한 예겠지만, 돈의 가치를 어디에 두고 있는지 알 수 있게 한다.

예수님,

제자들을 부르셨다. 초반 4명 싹 다 어부다. 미련 없이 망설임도 없이 그들을 단박에 부르셨다.

무슨 말인가?

사람의 가치, 인물의 가치를 어디에 두고 계신지를 말씀하신다.

링컨과 에디슨과 아인슈타인을 몰라본 사람들, 비틀즈를 거절한 음반
회사들, 해리포터를 거절한 출판사, 미국의 카카오톡 'whatsapp'을 개발
한 사람을 거절한 구글….

무슨 말인가? 가치를 놓친 아픔이다. 이후 가슴을 치고 220억 달러를
줘야하는 구글의 아픔이다.

가치를 어디에 두고 살 것인가?

예수님은 복음서의 제자 모습이 아니라 사도행전의 제자 모습을 보
셨다.

잊지 말라!

목마르다고 우물가에서 숭늉 찾을 것인가! 배고프다고 생쌀 씹을 것
인가! 아니다. 익히고 뜸 들여야 한다. 적금을 왜 드는가? 내일을 위해
서다. 내일의 가치를 위해서다. 그러니 급하다고 당장 서두르지 말라! 내
일, 저 앞을 보는 눈, 가치를 보는 눈을 가져라!

예수님 닮은 눈을 회복하라!

그러면 가치 붙드는 인생이 된다. 후회 없는 인생이 된다. 그런 인생이
하나님 영광됨의 인생이며 삶이다.

앞으로 나아갈 수 있는 동력

파도가 있어야 서핑이 가능하다.

잔잔한 바다는 서핑이 안 된다. 미는 동력, 힘이 없기 때문이다.

삶의 고난을 무엇으로 생각하나? 파도다. 우릴 나아가게 하는 힘, 동력이다.

성경의 사람들은 하나같이 이 고난의 파도를 타고 동력을 얻었다. 고난, 철옹성 같은 장애가 그들을 막은 게 아니라 오히려 거침없는 하이킥마냥 기운차게 힘 있게 앞으로 전진하게 했다.

에스더,

왕이 부르기 전 나가면 안 된다. 고난이다. 넘지 못할 높은 파도다. 그러나 죽으면 죽으리라. 민족을 구했다.

다니엘의 세 친구,

그들 앞에 풀무불이 기다렸다. 넘지 못할 파도다. 고난이다. 우상을 섬기면 그만이다. 간단하다. 하지만 거절하며 그리 아니하실지라도 고백으로 승승장구했다. 하나님 영광됨을 드러냈다.

"느부갓네살이 맹렬히 타는 풀무불 아귀 가까이 가서 불러 이르되 지극히 높으신 하나님의 종 사드락, 메삭, 아벳느고야 나와서 이리로 오라 하매 사드락과 메삭과 아벳느고가 불 가운데에서 나온지라" (단3:26)

다윗에게,

완전무장한 골리앗은 넘지 못할 파도다. 고난이다. 그러나 만군의 여호와 이름을 선포했다. 사울은 천천, 다윗은 만만의 노래가 기다렸다. 다윗 왕조의 서막이었다.

스티브잡스,

CEO 자리에서 쫓겨났다. 넘지 못할 파도다. 고난이다. 그러나 미래에 집중했다. 처음보다 나중이 더 빛났다.

1997 IMF 외환위기,

경제파탄은 넘지 못할 파도다. 고난이다. 그러나 하나 됨에 집중했다. 원조 받는 나라에서 주는 나라로 세계경제 순위 11위다.

1929년 미국발 세계대공황,

넘지 못할 파도다. 고난이다. 그러나 뉴딜정책…, 미국은 세계경제 순위 1위다.

1, 2차 세계대전,

넘지 못할 파도다. 고난이다. 그러나 인간 한계에 관한 자성의 목소리, 인간 계몽으로 안 됨을 깨닫는 목소리. 이후 실존에 관한 깊은 고뇌가 터져 나왔다. 결국 인간으로 안 됨을 깨달았다.

홍해,
넘지 못할 파도다. 고난이다. 그러나 정면 돌파했다. 두고두고 이스라엘 백성을 향한 모세의 설교 내용이 되었다.

예방 접종,
몸에 열난다. 아프다. 파도며 고난이다. 이후 거뜬히 병을 이긴다.

이 모두 무슨 말인가?
파도, 고난으로 무너짐이 아니라 동력을 얻어 일어섬, 더 일어섬을 증거한다.

앞으로 나아가고 싶은가?
그것도 힘차고 기운차게 나아가고 싶은가? 그러면 삶의 홍해와 당당히 맞서라! 철저히 무너짐과 바투 맞서라! 물러서지 마라! 하늘의 태양이라도 멈추게 하라!

"여호와께서 아모리 사람을 이스라엘 자손에게 넘겨주시던 날에 여호수아가 여호와께 아뢰어 이스라엘의 목전에서 이르되 태양아 너는 기브온 위에 머무르라 달아 너도 아얄론 골짜기에서 그리할지어다 하매" (수10:12)

고난을 타라! 밀려오는 파도를 타라! 그것은 동력이다. 앞으로 나가게 하는 힘이다. 그것을 놓치면 안 된다.

잊지 말라! 잔잔한 바다, 고요한 삶, 힘도 없고 아무 의미 없다.

기억하라! 거친 풍랑이 나를 살린다. 파도, 고난을 기꺼이 붙들라! 그게 살 길이다. 앞으로 나아가는 유일한 동력됨이다. 유일한 길이다.

서핑을 더 누리고 싶은가? 그러면 파도를 뚫어라

헬스하면, 다른 건 모르나 한 가지 분명한 게 있다. 근육이 커진다는 것이다.

근데,

근육이 커지면? 뭐?… 많이 먹어도 더는 체중이 늘어나지 않는다는 것이다. 물론 대책 없이 퍼 먹는다면 모를까 그러지 않고는 근육 덕을 톡톡히 본다.

왜 그런가?

근육이 넘쳐나는 영양을 가져가기 때문이다. 근육도 먹고 살아야 하니까! 해서 배나 어깨 같은 곳과 영양을 나누는 것이다.

그런데

근육이 어떻게 늘어나는가? 꾸준한 운동뿐이다. 근육과 근력을 키우는 운동을 해야 한다. 그것도 조금씩 무게를 더해야 한다. 사실, 무게를 올리면 처음엔 근육이 찢어질 듯 아프다. 하지만 그 고비를 넘겨야 한다.

무슨 말인가? 그 찢어지는 아픈 순간이 근육이 늘어나는 순간이기 때문이다.

그렇다. 운동을 반복하면 근육이 늘어난다. 심하게 말하면, 자꾸 하면 몸짱 된다는 것이다. 식스팩 주인공이 된다는 것이다. 그러면 웬만한 힘듦은 거뜬하다. 무겁지 않다. 면역력도 올라가 병치레도 잘 안 한다. 그래서 운동 운동 하는 것이다.

인제 운동 이야기는 그만하자. 근육, 근력 키우는 원리를 이야기 했으니까, 본론으로 들어가자. 앞서 서핑 이야기를 했다. 다시 서핑 이야기를 하자.

서핑, 파도 타는 거라고 했다. 파도가 와야 탈 수 있고 앞으로 나아갈 수 있다고 했다. 맞다. 그런데 그것은 일회뿐이다. 무슨 말인가? 파도를 다시 타려고 하면 그러니까, 서핑을 계속하려면 왔던 곳으로 다시 되돌아가야 한다는 것이다. 다시 말해 파도 뒤로 가야 한다는 것이다. 아까 파도 탔던 곳으로 그 지점에 말이다. 알겠는가?

그런데 파도 뒤로 가는 일이 쉽지 않다. 엄청 어렵다. 밀려오는 파도와 맞서야 한다. 때론 연신 밀려오는 파도에 혼비백산 어려운 상황이 벌어진다. 밀어내고 깨부수는 파도와 맞서야 한다. 그럼에도, 서핑을 계속하려면 파도 뒤 바다로 나가야 한다. 그러지 않으면 안 된다. 깨지고… 혼비백산… 여하튼, 밀려오는 파도와 맞서 그 파도 뚫어야 한다. 그러지 않으면 절대 서핑을 즐길 수 없다. 힘들어도 견뎌야 한다. 그러면 힘과 요령이 생긴다.

그렇다. 처음은 힘이 든다. 하지만 그 일을 계속하면 요령이 생기며 힘이 생긴다. 근육과 근력이 생기는 것과 같다. 그렇게 하면 시간이 지날수록 프로가 된다. 전문가가 된다. 그러면 참 쉽게 된다. 자연스럽게 된다. 기억하라! 처음이 어렵다. 그러나 자꾸 하면 된다. 자꾸 하면 쉬워진다.

삶이 어려운가? 그래서 좌절하고 있나? 안 된다. 적어도 하나님의 사람이라면.

이 상황을 통해 약해빠진 내 영적 근육을 키우는 하나님의 섭리임을 깨닫고 기꺼이 고난의 장, 훈련장으로 나아가야 한다. 힘듦의 전쟁터로 나가야 한다. 그리고 차츰 무거운 것도 들고 해야 한다. 깨지고 부서지는 상황이 연출된다 해도 파도와 맞서 파도를 뚫어야 한다. 그래야 된다.

잊지 마라! 근육과 근력을 키워라! 영적 근육과 근력 말이다! 그래야 주신 것을 누릴 수 있다. 그게 하나님이 원하시는 삶이다.

원리를 잊지 마라! 서핑을 계속하려면 왔던 곳으로 파도를 뚫고 다시 그 자리에 가야 한다. 가고 또 가야 한다. 그래야 풍성함을 누릴 수 있다.

삶에서 왜 자꾸 실패하는지 아는가?

삶,

어렵다. 만만찮다. 그런데 우린 가벼이 여긴다. 아무것도 아닌 것처럼 여긴다. 그렇게 달려들다 무너진다.

광야는 '결핍의 장소'다. 먹을 것이 없다. 쉴 곳도 없다. 물도 없다. 그래서 하나님만 의지해야 한다. 광야는 '미드바르'라는 단어이다. 이 말은 말씀을 뜻하는 '다바르'에서 나왔다. 광야는 어떤 곳인가? 그렇다. '하나님이 말씀하시는 곳'이다.

삶,

광야의 삶이다. 오죽했으면 광야를 하나님이 말씀하시고 우리가 듣는 곳이라 했겠는가! 그만큼 하나님이 없으면 안 된다는 뜻이다.

삶,

그리 쉬웠으면, 여호수아에게 말씀하시고 또 말씀하시며 도와 줄 것을 누누이 강조하고 확언하셨겠는가!

가나안 정복,

쉽지 않다. 그들을 다 쫓아내지 못했다. 왜? 여러 가지 이유가 있겠지만, 쉬운 일이 아니었기 때문이다. 삶이 그렇다.

하나님의 말씀에 순종함으로 일사천리 가나안 족속을 다 쫓아내고 승승장구할 것 같지만 삶이란 언제나 크든 작든 불순종의 일이 있고 따라서 거기에 무너짐이 있기에 쉽지 않은 것이다.

우리 역시 마찬가지다. 왜, 어려운지 아는가? 알게 모르게 불순종한 탓에 일사천리로 가나안 정복을 못한 것처럼 그렇게 무너지는 삶이다 보니 그렇다. 그래서 삶이 어렵다는 것이다. 만만하게 보지 마라!

그런 탓에 하나님은 여호수아에게 귀가 따가울 만큼 신명기에서도 그러셨고 여호수아서에서도 그렇게 말씀하신 것이다. 내가 도와 줄 테니까, 걱정 말라고! 나만 붙들라고!

잊지 마라! 쉬우면 가소로우면 왜 그렇게 했겠는가! 그러니 삶, 광야를 쉽게 보지 마라! 삶이 어려운 만큼 하나님을 더욱 더 붙들어야하는 당위가 여기에 있다. 교만은 패망의 선봉이라는 말이 그냥 나온 것이 아니다. 삶의 절절함에서 나온 솔로몬의 외침이다.
그 외침은 삶이란 숙이고 엎드리고 낮아져 내 힘이 아니라 하나님만 붙들어야 살 수 있음을 가르쳐주는 오늘을 사는 우릴 향한 경고이며 애틋한 사랑의 메시지다.

삶, 광야는 하나님 말씀하심을 들어야 사는 곳이다.

억지로 한다고 되는 게 아니다

아담, 하나님이 주신 여자 때문에 열매를… 에덴에서 추방되는 저주.

애굽의 바로, 가는 것은 안 된다. 장자까지 죽는 저주.

사울, 사무엘 선지자가 늦게 와서 백성이 갈까봐… 하나님 임재 사라지는 저주.

아나니아와 삽비라, 이것 전부 다… 둘 다 같은 날 저주.

"각각 그 마음에 정한 대로 할 것이요, 인색함으로나 억지로 하지 말지니 하나님은 즐겨 내는 자를 사랑하시느니라" (고후9:7)

무슨 말인가?

떼쓰고 우기는 억지의 삶, 회개 없는 삶은 무너진다는 것이다.

요셉을 보라!

감당할 수 없는 힘겨움에 무엇을 했는가? 억울함을 고발하며 방방 뛰지 않았다. 그냥 감옥이라도 아멘하며 하나님 붙들었다.

다윗을 보라!

사울이 입힌 전신갑주를 어떻게 했나? 골리앗이 무서워 몸에 맞지 않은 전신갑주를 입지 않았다. 그냥 평소 하던 대로 물맷돌을 들었다.

느헤미야를 보라!

성전 건축을 위해 무엇부터 했는가? 타는 가슴에 당장 벽돌을 들지 않았다. 바사왕 아닥사스다에게 그냥 하고픈 말을 충분히 하고 동의를 구했다.

주님을 보라!

겟세마네 동산의 기도, 땀방울이 핏방울 같은 고뇌의 기도, "아버지 내 잔을 지나가게 하소서 안 됩니다" 했는가? 그냥 내 뜻이 아니라 아버지 뜻을 구했다.

바울을 보라!

2차 전도여행, 거침없는 여행.

한데 아시아의 비전 막으시는 하나님께 "안 됩니다. 내 계획 있습니다. 하나님!" 했는가? 그냥 배 타고 유럽으로 갔다.

무슨 말인가?

인도하심을 붙든 순리의 삶은 복된 삶이 되어 승승장구한다는 것이다. 삶은 이렇게 산다는 것이다.

어니스트 헤밍웨이의 '무기여 잘 있거라' 주인공 헨리의 고백이다.

"나는 생각하게끔 태어나지 않았다. 단지 먹기 위해 있을 뿐이다."라고 했다.

전쟁의 참혹함 앞에 망가진 이성, 아무 생각도 아무 말도 하고 싶지 않은 삶의 환멸감, 귀를 꽉 닫고 싶은 인간의 고뇌, 하지만 간호사 캐서린과의 사랑. 사랑할 수 없을 것 같았는데 갈수록 뜨거워지는 사랑, 이게 뭔가….

무슨 말인가?

데카르트가 말한 "나는 생각한다. 고로 나는 존재한다." 그렇다. 인간은 그렇게 만들어진 존재다. 생각하고 느끼고 사랑하도록 만들어진 존재다.

억지로 돼지처럼 먹는다고 돼지가 되는 게 아니다. 억지로 아무 생각 없이 산다고 한들 예고 없이 찾아드는 감정, 사랑의 감정을 막을 길은 없다. 그것을 무엇으로 설명할 건가!

잊지 마라!

인간은 처음부터 그렇게 만들어진 존재가 아니다. 전쟁의 참혹함, 비참함. 그래서 귀를 닫고 싶은 것 충분히 이해한다. 하지만 그럼에도 불구하고 느끼고 생각하고 자연스레 사랑하도록 지어진 존재다. 자연스러움은 다른 말로 하자면 순리대로의 삶이다. 하나님이 뜻하고 원하시는 삶이다.

하나님 말씀에 순응하면 살고, 억지 불응하면 무너짐을 알라! 순응은 복된 삶이 된다. 하나님 영광 되는 삶이 된다.

다시 강조한다! 우린 억지로 사는 존재가 아니라 말씀에 순응하며 자연스럽게 살도록 지어진 존재다.

무엇을 남기고 갈 것인가?

지금 살아있는 자,

100년 후에는 이 땅에 아무도 없다. 성경대로 모두 죽는다.

그 사람이 어떻게 살아왔는지 장례식장에 가보면 안다. 부를 남겼는지, 인격을 남겼는지, 모인 사람들 부류와 그들의 말을 들어보면 단박에 안다.

그제, 강론한 열왕기상 2장

무엇을 남길 것인가?

다윗이 죽음에 임박했다. 해서 아들 솔로몬에게 유언한다. 유언의 내용은 분명하다. 3가지다. 첫째, 하나님 말씀을 붙들라! 둘째, 권위 있는 삶을 살라! 셋째, 일하라!

다윗은 가진 것이 많다. 나중에 솔로몬이 지은 성전을 보라! 휘황찬란했다. 아버지 다윗이 준비한 재료들이다. 한데 죽음 직전 그것에 대한 언급은 없다. 다윗은 남겨야할 가치가 무엇인지 알았다. 그래서 그와 같은 유언을 했다. 유언의 요지가 뭔가? "말씀 붙들고 왕권강화 해야 만년지계(萬年之計)한다."이다.

록펠러 어머니는 신앙을 남겼다. 어거스틴 어머니는 눈물을 남겼다. 조지 뮬러는 기도의 능력을 남겼다. 링컨의 어머니는 말씀을 남겼다. 괴

테의 어머니는 생각을 남겼다. 맹자의 어머니는 교육의 원리를 남겼다.

 너와 나,

 이 땅 가운데 부름 받고, 소명 받은 하나님의 사람이여! 무엇을 남길 것인가? 잠깐, 그 자리에 서라! 그리고 이렇게 스스로에게 물어라! 무엇 때문에 지금 이 난리인가? 도대체 어디를 이리도 바삐 달려가고 있는가? 그 끝에 뭐가 있기에, "뭐가, 중한디?"라고!

 다윗은 오늘을 사는 우리에게 이렇게 말한다. 하나님의 말씀 붙들고 말씀 남기는 삶을 살라고. 삶의 원리를 알게 하고, 사람을 세우는 삶을 살라고. 그래야 한다고. 그래야 된다고. 그리고 그럴 줄 믿고 있겠다고. 나중에 맨 먼저 달려 나와 주님과 함께 반기겠다고….

꧁ꦄꦃ꧂

우린 짐승이 아니다

 런닝 머신 앞에 TV가 있다. 보면서 뛴다. 무료하지 않도록 한 배려다. 한데 살 빼라는 건지 돼지가 되라는 건지 도무지 모르겠다. 물론 헬스장 책임은 없다. 방송이 문제지.

 채널이 적어도 100개는 넘는다. 돌리고 돌려도 계속 나온다. 뭐가? 먹는 거! 심지어 오염된 도시에서 얻은 불치병을 안고 오른 마지막 희망! 자연에 몸 맡겨 치료하겠다는 『나는 자연인이다』라는 프로까지 가세해

105
1장 바른 원리를 사모하라

난리다. 먹고 먹는다.

문화를 사단에게 점령당한 건 어제 오늘의 일이 아니다. 그 탓에 우린 모른다. 삶을 어떻게 살아야 하는지를. 그 탓에 우린 알게 모르게 사단의 궤계에 속아 그 장단에 꼭두각시마냥 춤까지 춘다. 그리고 좋아라한다. 급기야 이게 사는 맛이라며 두 손 들고 할렐루야까지 한다. 우습고 한심하다 못해 기가 찬다. 우린 짐승이 아니다. 우린 먹기 위해 존재하는 자가 아니다. 우린 거기에 집중해서 사는 존재가 아니다. 생각 없이 사는 존재가 기필코 아니라는 것이다.

하지만 사단은 자꾸 먹으라고 한다. 생각 없이 그냥 살라고 한다. 유명 연예인이 떼거지로 나와 하나같이 그렇게 유혹한다.

나, 날씬하니까 겁내지 말고 먹어봐! 잡쉈봐! 어서! 안 그러면 왕따되는 거야!

"너 그 프로 봤어?" "너 거기 맛집 가봤어?" "너 그거 먹어 봤어?"라며 옥죈다.

오늘 동성애자들이 거리 행진을 했다. 이름하여 '퀴어축제'다. '우리도 평범한 사람이다'를 홍보하는 차원이란다. 웃긴다. 평범한 사람? 누가? 누가 그랬는데 평범하다고? 그러면 나도 평범한데 왜 나는 그 짓을 못하지? 그러면 내가 특별한 건가? 그런가?… 그렇게 하지 못하는 우리가 진짜 특별? 그럼, 우리에게 문제가 있단 건가? 정말 그런 건가?

무슨 말인가?

사단의 문화가 이렇게 어지럽고 혼미다. 너희들도 우리들처럼 벗고 마음대로 해! 하고 싶은 대로 하는 거야! 인생 뭐 있간디? 즐기고 가는 거야! 남자면 어떻고! 여자면 어때! 즐기면 그만인걸!

헐~~! 우린 짐승이 아니다. 아무거나 먹어대는 그런 동물이 아니다. 아무데서나 벗고 아무데나 올라타는 그런 존재가 아니다. 우린 굶는 사람이다. 굶고 하늘 우러러 기도하는 사람이다. 목숨 걸고 하늘 문을 여는 하늘 사람들이다. 우린 거룩한 자들이다. 하나님이 거룩하니 우리도 거룩함을 이루어가는 자들이다. 정결함으로 성결함으로 하나님의 거룩을 닮아가는 하늘 사람이다. 잊지 마라! 우린 하늘 백성이다.

너!
하나님의 백성아! 당장 TV를 꺼라! 그리고 밥상을 물리라! 당장 음란한 곳에서 나오라! 그리고 사단과 목숨 걸고 싸워라! 영적 아말렉을 쳐부셔라! 우린 그렇게 살도록 지음 받았다. 그만 먹어라! 거기서 나오라! 우린 그런 자들이다. 우린 짐승이 아니다. 우린 하나님 자녀로 존귀한 자들이다.

시작할 때 주어지는 3가지를 붙들라

어떤 일을 한다.

그 일이 성공하느냐 실패하느냐의 관건이 무엇인가? 계획이다. 그 일의 성공을 위한 준비는 필수적이다.

하나님은 일 하신다. 그 일을 우리에게 일임하신다. 그래서 사명자 되고, 거기서 순교자가 나오는 것이다. 그런 우리 하나님은 일하심에 막무가내로 하지 않으신다. 창조의 작품을 보라! 성막의 작품을 보라! 세밀하고 아주 섬세함을 본다. 그런 분과 무작정은 맞지 않다.

무슨 말인가?
하나님은 사명자를 통해 일하심에 있어 원리가 있다는 것이다.
가나안 정복 이야기인 여호수아 1장을 보라! 먼저 말씀 주신다.

"여호와의 종 모세가 죽은 후에 여호와께서 모세의 수종자 눈의 아들 여호수아에게 말씀하여 이르시되" (수1:1)

무슨 말인가?
하나님의 일하심엔 언제나 먼저 말씀을 주시므로 일하신다는 거다.

기도 제목 붙들고 기도하는가? 그렇다면 응답 주심을 믿고 낙심하지 말아야 한다.

"예수께서 그들에게 항상 기도하고 낙심하지 말아야 할 것을 비유로 말씀하여" (눅18:1)

디 엘 무디도 말했다. "나는 하나님이 좌절한 사람을 사용하는 것을 본 적 없다."라고!

하나님의 일하심의 첫째 원리다. 말씀 주심, 응답 주심을 절대 놓치지 말고 굳건히 붙들어라!

다음은 시작의 때를 말씀하신다.

"내 종 모세가 죽었으니 이제 너는 이 모든 백성과 더불어 일어나 이 요단을 건너 내가 그들 곧 이스라엘 자손에게 주는 그 땅으로 가라"(수1:2)

무슨 말인가?

이제(히, 웨아타: 원래의 뜻은 '그러므로 이제') 시작을 알리는 말씀을 주신다는 것이다.

다시 말해 때가 있다는 말이다.

기도제목을 두고 기도하는가? 그렇다면 하나님의 응답이 있기 전 일어나지 말라! 고개 들지 말라! 아이성 패배 후 여호수아는 티끌을 뒤집어쓰고 저녁까지 엎드려 있다가 하나님 말씀이 주어지고 난 후 일어난 것처럼, 응답 있기 전 절대 일어나지 말라! 그렇지 않으면 백 번, 천 번, 만 번 실패하고 또 실패한다. 결국 고개를 들다 목이 달아난다. 무너지고 끝난다.

잊지 마라!

하나님 일하심의 두 번째 원리다. 출발 신호 "땅!" 할 때 일어나라. 늦지 않다. 그때가 가장 빠른 때다.

마지막은 이미 주어졌음을 말씀하신다. 아직 가나안땅을 밟지도 않았다. 멀리 쳐다볼 뿐이다. 하지만 주셨다고 한다.

"내가 모세에게 말한 바와 같이 너희 발바닥으로 밟는 곳은 모두 내가 너희에게 주었노니" (수1:3)

주었노니(히, 네타틴-완료형),
무슨 말인가?
확신이다. 이미 주어져 있으니 가서 누리면 된다는 것이다.
문제를 두고 기도하는가? 이미 얻은 줄로 믿고 누려라!

"그러므로 내가 너희에게 말하노니 무엇이든지 기도하고 구하는 것은 받은 줄로 믿으라 그리하면 너희에게 그대로 되리라" (막11:24)

그대로 된다 하셨다. 이미 주었다 하셨다. 나아가 밟고 누리면 된다. 하나님 일하심의 세 번째 원리다. 그런데 왜 누리지 못하는가? 믿음 없음이다. 안타까운 일이다. 안 된다. 믿음 붙들어라! 그러면 누린다. 없다고 밤낮 투덜대지 말라! 믿음, 믿음이 문제다. 믿음 붙들어라! 그러면 된다.

정리하자.
시작할 때 주어지는 것 3가지가 무엇인가? 말씀과 약속을 주신다. 적절한 때, 가장 알맞은 때를 주신다. 이미 주셨다고 보증하고 확신을 주신다. 그러니 문제를 두고 기도한다면, 이 3가지를 붙들면 된다. 그러면 승리하는 삶을 산다. 할렐루야!

〖생명찬가〗

생명 있는가? 그러면 아름답다

온천천에 코스모스가 폈다. 가을이다. 생명이다.

그렇게 무덥던 여름, 깡그리 메말라 버린 뿌리라서 꽃을 보겠나 했지만 때와 시간은 어김없이 어느새 어깨를 쑥 내밀었다.

아! 생명이다. 벌이 날고 나비가 난다. 덩달아 천(川)에서 물고기도 뛰고 뛴다. 활기차다. 벅차다. 가는 이 오는 이 모두모두 발걸음을 멈춘다. 가을 만상에 그들의 입가 웃음을 머금었다. 아름답다. 하나님 찬양! 할렐루야!

당신에겐 꿈틀거리는 생명이 있는가? 그렇다면 당신 곁에 사람이 있을 것이다. 하지만 없다면 사람도 없을 것이다. 그것이 오늘 당신을 평가하는 리트머스지.

다윗과 주님에게는 언제나 사람이 따랐다. 차고 넘쳤다. 생명 있음이다.
사울과 바리새인은 언제나 혼자다. 깡마르고 메말랐다. 생명 없음이다.

깊은 산 속 옹달샘은 동물들의 식수원이다. 언제나 손님이 끊이지 않는다. 생명줄이다. 물에 생명 있음이다.

넓은 강물이 철철 흘러넘친다. 사람들의 식수원이다. 하지만 한 사람도 입을 대지 않는다. 마시지 못한다. 정수가 필요하다. 물에 생명 없음이다.

너! 하나님 사람아!

생명이 있는가? 주위를 돌아보라! 어떤가? 사람이 있는가? 있다. 그러면 생명 있음이다. 당신은 생명의 사람이다. 당신은 아름다운 사람이다.

하늘 묵상

제2장

바른 원리를 추구하라

핵 EMP 폭탄으로 깨닫는 영성

근자에 평소 알고 지내는 주의 종이 "주의 임재가 떠났다."라며 고민을 털어놓았다. 그래서 당분간 두문불출하고 칩거에 들어갔다. 전화도 받지 않고 아예 소식을 차단했다. 얼마나 충격이었으면 그럴까 싶다.

영적 은사에 민감한 사람이라면 이해가 가능하다. 그의 아픔과 충격이 얼마나 큰지를! 하지만 영적 민감함과 거리가 먼 사람은 "그래도 연락이라도 좀 하지 이게 뭔가?" 한다.

최근 잇달아 김정은이 하늘 상공에 인명 살상용이 아니라, 전자기기를 파괴하는 이름하여 '핵 EMP 폭탄'을 터뜨리겠다고 협박한다. 이 폭탄이 상공에 터지면 인근 수십, 멀리는 수백 킬로미터 안에 있는 모든 전자기기 장치가 고장 난다. 그야말로 모든 전자기기가 고철 덩어리가 되는 것이다. 당장 은행 기록이 사라진다. 돈에 목숨 건 사람들의 대혼란이 자명하다 하겠다. 이뿐인가? 디지털 기기는 모든 게 끝장나니 국가적 대혼란은 두 말하면 잔소리다. 다름 아닌 공중을 빼앗긴 것이다.

적용하자! 성경은 말씀한다. 우리의 싸움은 혈과 육의 싸움이 아니라고.

"우리의 씨름은 혈과 육을 상대하는 것이 아니요 통치자들과 권세들과 이 어둠의 세상 주관자들과 하늘에 있는 악의 영들을 상대함이라" (엡6:12)

무슨 말인가?

오늘 하나님 백성의 삶도 마찬가지라는 것이다. 즉, 사단이 영적 핵 EMP 폭탄을 터뜨려 공중을 장악한 탓에 성도가 힘든 삶을 살고 있다는 것이다.

모든 것이 STOP된 것이다. 전자기기가 정지된 것처럼 말이다. 하지만 우린 여전히 그 폭탄이 터진 줄 모르고 룰룰랄라 하며 산다. 변질된 영성인 줄도 모르고 그것 가지고 성경의 하나님이 아니라, 내 스스로 만든 송아지를 하나님이라 믿고 산다. 하나님과 전혀 관계없는 일임에도 얼씨구나 좋아하고 산다는 것이다.

예배의 자리, 기도의 자리, 찬양의 자리가 아니라, 음란의 자리, 술 취함의 자리, 향락과 열락의 자리에 앉아 미친 듯 이렇게 노래까지 한다.

"주신 이도 하나님, 거두어 가시는 이도 하나님" (욥1:21) 이라며….

스스로 두둔하며 자위한다. 거기다 주위 사람들까지 가세해 환호하며 지지한다. "신앙 조오타" 라며… 기가 찬다. 모든 것이 엉망진창, 이 무슨 망발인지….

너, 하나님의 백성아!

일어나라! 그리고 깨어나라! 네가 지금 붙들고 있는 그 하나님이 진짜인지 가짜인지 분별하라! 그러지 않으면 진노의 삶, 진노의 자식으로 영영 형벌 받는다.

사단이 공중 권세를 잡았다. 그러니 전신갑주 입고 싸우지 않으면 안 된다. 우둔하여 바보, 천치가 되어 전신갑주를 홀라당 벗고 완전무장을 해제한 모습으로 그렇게 살면 안 된다. 제발 정신 차려라!

오늘, 주의 종이 하나님의 임재 문제로 힘겨워 하는 것을 들었는가! 그렇다면 어두운 영을 과감히 깨라! 그래야 한다. 그래야 하나님을 만난다. 그래야 하나님 영이 임재해 바른 하나님을 섬길 수 있다.

잊지 말라! 어두운 곳에 계속 있으면 나중엔 그 어두움에 적응한다. 해서 급기야 어둡다고 느끼지 못한다. 사단이 아주 많이 사용하는 궤계다. 망하는 일이다.

오늘, 영적 세상은 어둡다. 깜깜하다. 암울하기 그지없다. 희망과 소망은 사라지고 좌절과 절망, 어두움만 남았다. 부디 깨닫기 바란다. 디지털이 멈췄다면 불편하더라도 아날로그로 돌아가 그것 붙들고 기회를 엿보아야 한다. 불편하다 징징거려도 소용없다.

신앙도 마찬가지.

사단의 궤계, EMP 폭탄으로 인해 변질되고 성경에도 없는 디지털의 하나님, 쉽고 빠른 기가(GIGA)의 하나님, 믿기 좋고 인기 좋은 도깨비 방망이 같은 뚝딱의 하나님, 가짜 하나님을 인제 미련 없이 내려놓고, 불편해도 귀찮아도 아날로그의 하나님, 성전 바닥에 엎드려 몇 날 며칠 울고불고 통곡해야 만나 주셨던 그 옛날의 불편하고 완고한 하나님을 붙들어라! 굶고 또 굶어 죽음 끝자락에 마지못해 슬며시 만나 주시는 그 옛날의 무심하고 힘겨웠던 하나님을 붙들어라!

즉석복권처럼, 대출 조회처럼 당장 해답은 없지만, 느릿해도 끝끝내 좋은 것 주시는 그 하나님, 신실하신 하나님을 붙들어라!

사랑하는 하늘 백성들이여! 공중 권세 잡은 자, 사단이 영의 세계를 오염시켰음을 알라! 그래서 도무지 뭐가 뭔지 몰라 대충 속아 살아왔던 세계에서 깨어나라! 그리고 하나님 주신 것이 무엇인지 깨닫는 자리로 나아가라. 진득하니 자리 지킬 때, 끝내 만나주시는 하나님의 말씀 듣고 일어나라. 그 하나님, 그 진짜 하나님을 붙들어라!

그게 영적 핵 EMP 폭탄으로 인한 파괴된 영의 세계에서 살아남는 길이다.

그게 사는 길이다. 영이 죽었다면 몸은 살아 있어도 죽은 것이다.

하나님이 찾으시는 사람

아브라함아! 아브라함아! 믿고 찾을 만한 사람,

"여호와의 사자가 하늘에서부터 그를 불러 이르시되 아브라함아 아브라함아 하시는지라 아브라함이 이르되 내가 여기 있나이다 하매" (창22:11)

모세야! 모세야! 믿고 부를 만한 사람,

"여호와께서 그가 보려고 돌이켜 오는 것을 보신지라 하나님이 떨기나무 가운데서 그를 불러 이르시되 모세야 모세야 하시매 그가 이르되 내가 여기 있나이다"(출3:4)

사무엘아! 사무엘아! 믿고 신뢰할 만한 사람,

"여호와께서 임하여 서서 전과 같이 사무엘아 사무엘아 부르시는지라 사무엘이 이르되 말씀하옵소서 주의 종이 듣겠나이다 하니"(삼상3:10)

다윗! 믿고 맡길 만한 사람,

"폐하시고 다윗을 왕으로 세우시고 증언하여 이르시되 내가 이새의 아들 다윗을 만나니 내 마음에 맞는 사람이라 내 뜻을 다 이루리라 하시더니"(행13:22)

바울아! 바울아! 믿고 보낼 만한 사람,

"땅에 엎드러져 들으매 소리가 있어 이르시되 사울아 사울아 네가 어찌하여 나를 박해하느냐 하시거늘"(행9:4)

2014년 '밀알과 세계' 誌에 실린 글이다. 처녀 때부터 선교로 헌신하기로 한 자매가 같은 비전을 품은 형제와 결혼한 후 자녀들을 낳았는데, 첫째 딸은 정신 발달 장애, 둘째 아들은 소아마비, 셋째 딸은 몸이 자라지 않는 중증 장애 희귀병.

정신없이 흘러간 10년의 세월, 어느 날 아침 거울에 비친 자신의 모습! 무력하고 늙은 모습! 어둡고 지친 초췌한 모습! 너무너무 안 돼 보이는 불쌍한 자신의 모습! 인제 살 소망까지 끊어진 자신의 모습!

"하나님 아버지 제가 뭘 그렇게 잘못했기에 이 같은 고통을 주십니까?"

한꺼번에 터져 나온 자매의 통곡! 영혼의 울부짖음! 하늘이 놀라고 땅이 꺼지는 한 맺힌 한 여인의 통한의 절규! 이에 하나님이 말씀하셨다.

"애야, 그 아이들을 맡길 만한 사람을 세상 다 뒤지며 찾고 찾았지만 찾지 못해서 너에게 맡긴 거란다."

"…"

"애야, 미안하구나! 그리고 참 고맙다. 감사해."

"…아버지!…"

당신은 하나님이 찾으시는 사람인가?

믿고 찾을 만한, 믿고 부를 만한, 믿고 신뢰할 만한, 믿고 맡길 만한, 믿고 보낼 만한 그런 사람인가?

"내가 또 주의 목소리를 들으니 주께서 이르시되 내가 누구를 보내며 누가 우리를 위하여 갈꼬 하시니 그때에 내가 이르되 내가 여기 있나이다 나를 보내소서 하였더니" (사6:8)

부르심은 은혜다. 주신 고통 역시 은혜다. 해서 십자가는 은혜다.

오늘도 아니, 내일도 아니, 모레도 아니, 땅의 삶을 다할 때까지 십자가를 붙들어라!

오늘 하나님은 십자가를 맡길 한 사람을 찾으신다. 그 주인공이 되어라!

아들을 낳으리니

꼴찌로 달린다.

4등이라도 도무지 역전을 기대할 수 없다. 지쳐 포기하고 싶지만 보는 눈들 때매 이러지도 저러지도 못하고, 경기장에 왜 들어 왔는지, 내가 미쳤지 미쳤어….

주님께서,

"뒤로 돌아~~가!" 하신다.

"뭐!!!" 내가 일등이다. 역전이다.

애굽의 삶, 지쳐 탄식만이 나올 뿐이다. 너무도 암울한 시기다.

"~탄식하며 부르짖으니~" (출2:23)

도무지 역전의 소망이 없다. 그때 하나님이 그들에게 소망을 주신다.

"여자가 잉태하여 아들을 낳아~" (출2:2) 모세다. 구원자다.

내 뜻대로 우리 좋을 대로 살아봤지만 결국 한 형제를 말살하고 말았다.

"~하나님 앞에 앉아서 대성통곡하여 하나님 어찌하여 한 지파가 이즈러졌나이까!" (삿21:2-3)

참으로 어둡고 암울하다. 그때 하나님이 그들에게 소망을 주신다.

"때가 이르매 아들을 낳아~" (삼상1:20) 사무엘이다. 구원자다.

예언이 끊어진지 400년, 소망도 희망도 없고, 지배, 착취, 암흑, 암울의 시대는 끝없이 이어지고…, 그때 하나님께서 소망을 주신다.

"아들을 낳으리니~" (마1:21) 예수님이시다. 구원자다.

애굽 시대의 암울함, 사사 시대의 암울함, 로마 시대의 암울함,
무슨 말인가? 때에 따라 시대마다 소망 주시는 하나님을 바라보라는 것이다. 역사의 주관자 하나님이시다. 너 개인의 삶 역시 하나님께서 주관하신다. 물러서지 마라! 그러면 죽는다. 하지만 하나님 이름으로 작은 돌이라도 들어라! 그리고 키가 여섯 규빗 한 뼘인 290㎝의 앞을 가로막은 견고한 장애물 골리앗과 맞서라! 그래야 승리 있다.

때론 하나님은 독하시다. 그것도 아주 지독하시다. 자신의 선민을 광야에서 40년간 방황케 하심을 보라! 그것도 1세대를 죽이시는 기간이라니… 하지만 어쩌겠는가! 하나님의 본성이 거룩하니 그의 백성 역시 거룩과 성결해야 했기에 선택의 여지가 없는 것을….

고난이 있는가?

그것도 아주 지독한가? 하지만 뜻이 있다. 그러니 참고 또 참고 인내하라! 어쩔 수 없고 할 수 없다. 그러다보면 환란에서 인내를 인내에서 연단을 연단에서 결국 소망을 붙들게 된다.

잊지 마라!

가장 어두운 그때가 곧 태양이 힘차게 떠오르는 순간임을!

"~ 아들을 낳으리니~" 희망이다.

"뒤로 돌아~~~가!" 역전이다. 그러니 찬양하라!

찬양인가? 자기만족인가?

굳이 옛것을 고집하고 싶진 않다. 왜? 시대사조가 그러니 대세에 따라야할 듯. 안 그러면 인기(?) 없는 왕따(?). 하지만 따져야겠다!

휘황한 조명과 무대 연출, 빵빵한 뮤지션의 인도, 현란한 말씀 선포,

회개를 달구는 송곳 같은 도전, 열광의 도가니, 뛰고 굴리고 박수치고 처절한 회개 기도의 눈물이 강을 이룰 듯한 기세. 그리고 천지를 뒤흔드는 환호!

모두가 열광한다. 그리고 은혜가 넘쳐난다. 금방이라도 더럽고 병든 세상 능히 치유하고도 남을 넘쳐나는 열정과 은혜의 도가니, 거룩한 흰 옷만 입는다면 영락없는 천사다. 거룩함을 이루기에 넉넉한 영적 능력의 소유자들이다. 한데 조명이 꺼진다. 뮤지션이 내려온다. 음악이 사라진다. 없다. 뭔가… 이 공허함… 뭔가?… 이 싸늘히 식어가는 영과 혼과 육. 도대체 이게 뭔가? 조금 전 그게 뭐였지?

오죽했으면 "찬양의 열기 끝나면 주 앞에 나와 더욱 진실한 예배~"와 같은 고백의 찬양이 나왔겠는가!

무슨 말인가? 공허하다는 것이다. 진짜 찬양이 뭔지 모르겠다는 것이다. 진짜 회개의 눈물 기도를 모르겠다는 것이다. 진짜 사죄의 은총과 감격을 모르겠다는 것이다. 진짜, 진~~짜 예배가 뭔지 모르겠다는 것이다. 도무지 뭐가 뭔지 모르겠다는 것이다.

그러면, 뭔가? 지금까지 그 난리는?

다름 아닌 자기만족이다. 하나님과 전혀 관계없는 음악, 그 이상도 그 이하도 아닌 음악, 하나님을 빙자해 나를 위한 음악을 즐겼던 것이다. 그러니 참 만족, 참 회복, 참 감격이 없었던 것이다. 위선이다. 그 눈물 멈춰라! 그 회개 멈춰라! 당장 멈춰라! 시내산 아래 금송아지 앞에서 날뛰는 꼴이니 곧 심판 받기 싫으면 제발 그 입, 그 눈물, 당장 멈춰라!

기억하는가?

"나는 구원 열차 올라타고서 하늘나라 가지요~" 불후의 명곡이다. 현란함이 없다. 미사여구는 어디에도 없다. 그러나 이 찬양을 드리면 가슴이 뜨거워 온다. 왜? 그 안에 생명이 담겼기 때문이다. 그 안에 만든 이의 절절한 믿음의 고백이 담겼기 때문이다. 그 안에 하나님께서 역사하신 임재가 있기 때문이다.

몇 세기 걸쳐 내려온 찬송가들 모르긴 해도 주님 오실 때까지 예배당에서 불릴 것이다. 왜? 그 안에 생명이 담겼기 때문이다. 그 안에 만든 이의 절절한 믿음의 고백이 담겼기 때문이다. 그 안에 하나님께서 역사하신 임재가 있기 때문이다.

F. J. 크로스비 할머니는 태어난 지 6주 만에 의사의 잘못으로 눈이 멀었다. 하지만 생애 95년 동안 2천~1만 편의 찬송시를 썼다. 그 찬송시를 우린 지금껏 불렀고 지금도 부르며 앞으로도 부를 것이다. 왜? 그 안에 하나님 임재로 말미암은 능력이 있기에 우린 결코 그 찬송을 부르지 않을 수 없다. 어쩌면, 우리 영혼이 그걸 먼저 알고 있는지 모른다.

"예수 나를 위하여 십자가를 질 때~"

"너희 죄 흉악하나~"

"인애하신 구세주여~"

소선지서의 주된 내용이 뭔가? 참된 예배의 실종을 질타한 강력한 하나님의 메시지다.

하늘 백성들이여! 예배드리자! 신령과 진정으로 예배드리자! 하나님이 찾으시는 그런 예배, 온전한 치유와 회복이 일어나는 산 예배, 하나님이 임재하므로 이 땅 넉넉히 치유할 수 있는 능력이 임하는 예배, 해서 주님 재림 앞당기는 그런 예배, 참다운 예배드리자!

잊지 말라!

하나님 향한 예배인지? 나를 위한 예배인지? 언제나 놓지 말고 붙들어야 할 엄중한 하늘 질문이라는 것을! "나는 구원 열차 올라타고서 하늘나라 ~" 찬송으로도 충분한 예배드리자!

명품 되는 삶

쉽고 느슨한 것은 짝퉁이다. 어렵고 팽팽한 것이 명품이다. 왜? 짝퉁은 그렇게 태어나고 명품 역시 그렇게 태어나기 때문이다. 그것은 동서고금 불변하는 진리다. 그러니 쉽고 느슨한 것에 가까이 가지마라! 기웃거리지도 마라! 인생 망치고 버린다. 짝퉁 되고 가짜 되기 십상이다. 그러니 힘들고 언제나 긴장되는 것에 가까이 가라! 그러면 진짜 되고 명품 인생 된다.

기타를 친다. 느슨한 줄에선 작품이 나오지 않는다. 팽팽할 때 작품이 나온다. 바이올린을 켠다. 느슨한 줄로는 연주가 안 된다. 팽팽하고 긴장감 넘칠 때, 작품이 나오고 명연주가 된다. 무슨 말인가? 힘들고 긴장감 있는 속에서 명품이 나온다는 것이다.

다윗, 골리앗 앞에서의 긴장감… "전쟁은 하나님께 속한 것인즉"의 명언 나온다.

사드락, 메삭, 아벳느고 풀무불 앞에서의 긴장감… "그리 아니하실지라도"의 명언 나온다.

다니엘 사자굴 앞의 긴장감… "예루살렘을 향해 여전히 전과 같이 하루 세 번 기도하며 그 하나님께 감사하였더라"라는 정금 같은 믿음 나온다.

예수님, 십자가 앞의 긴장감… "내 뜻대로 하지 마시고 아버지의 뜻대로"의 명언 나온다.

바울, 지하 감옥 죽음의 긴장감… "기도와 찬송 나오고, 주 예수를 믿으라 그리하면 너와 네 집이 구원을 얻으리라"의 명언 나온다.

군 입대, 신병 사격하기 전 갖는 얼차려… 긴장감 조장이다. 사격장 사고 방지 차원이다. 생명 보호 차원이다. 긴장해야 산다.

당신의 삶,
지금 느슨한가? 아니면 긴장감으로 힘든가? 베드로는 순간 긴장과 믿음의 끈을 놓았다가 물에 빠져 꾸중 들었다. 명품 되려다 짝퉁 되고 말았다. 바란다. 짝퉁 삶 살려면 그냥 그렇게 대충 살아라. 하지만 명품의 삶을 살려면 언제나 긴장의 끈 놓지 마라.

잊지 마라! 긴장의 끈을 놓는 순간 짝퉁 된다. 그러니 사나죽으나 명품 연주, 명품 삶이 되려면 찾아가서라도 긴장하라! 힘듦을 자처하라!

긴장은 작품이 되고 명품이 된다.

딱 거기까지만

어떤 이가 바로 살기 위해 마음잡고 산에 올랐다. 기도하기 위해서다.
마귀가 누군가? 미혹의 대가다. 가만 안 둔다.

"그만 내려가면 아들 딸 좋은 대학 보내줄게."

"…"

"그만 내려가면 해운대에 있는 제일 좋은 아파트 줄게."

"…"

마귀가 누군가? 예수님께도 3번 유혹한 놈이다.

"안 내려가면 조금 전에 준다고 한 거 너 동생한테 다 줄 거야!"

"무슨 소리! 당장 내려가자!"

무슨 말인가? 인간의 탐욕을 빗댄 조크다. 우리는 욕심이 없는가? 모
두 있다. 대표적인 것이 건강, 부에 관한 욕심이다. 나도 건강에 욕심이
있다. 해서 비가 오나 눈이 오나 바람 부나 운동을 다닌다. 혹여 건강 보
조식품을 아차하고 먹지 않았을 때, 큰일 난 듯 발끈하며 챙겨 먹는다.
인간이, 우리가 다 그렇다.

욕심, 삶을 망친다. 안 된다. 하나님 말씀하심 붙들어야 산다.

"욕심이 잉태한즉~" (약1:15)

여호수아 1장이다.

이스라엘 백성에게 딱 거기까지만 너희의 땅이라 경계를 그었다.

무슨 말인가? 그 안에서만 누리라는 것이다. 그 안에서만 자유라는 것이다. 더는 안 된다는 것이다. 그것으로 충분하다는 것이다. 한데 우린 작다고 한다. 작고 적으니 더 더 더 달라고 야단한다. 안 주면 몇 날이고 금식하며 대든다. 그러다 안 주시면 결국 교회 떠난다며 협박하고 그것도 안 통하면 미련 없이 교회를 떠난다. 그런 게 인간이며 우리다.

삶이 왜 무너지는가?

경계를 무너뜨림에서 오는 죄 때문이다. 하나님께서 그어놓으신 그 경계를 깡그리 밟고 무너뜨리기 때문이다.

하와를 보라!

왜 인류를 무너지게 했는가? 다름 아닌, 하나님께서 경계하신 선을 넘어섰기 때문이다. 너무도 단순하다. 복잡하지 않다. 단순히 그것 때문이다. 넘었기 때문이다. 해서 무슨 일이 있어도 하나님이 그으신 경계를 넘어서는 안 된다. 그러니 제발 하나님께서 너에게 그어주신 경계를 넘지 마라. 안 그러면 무너지고 죽는 삶이 된다.

사실, 모자란다고 더 달라 해서 더 준들 그것을 더 누리며 우리가 행복할까? 여호수아를 떠나보낸 이스라엘 백성을 보라! 범죄함으로 더 정복해야 할 땅이지만 결국 정복하지 못했다. 그야말로 하나님께서 주신 것, 하나님께서 경계하신 것조차 누리지 못했다. 그러니 더 준들….

착각 마라!

나는 아니라고! 아는가? 너의 핏속에는 하와의 피가 흐르고 있음을…. 에덴에 이미 주어진 것조차 다 누리지도 못하고 탐욕으로 경계를 넘은 욕심의 피! 범죄의 피! 절절히 흐르고 있음을…. 그러니 경계의, 거기까지의 복을 누리는 자가 되라. 그러므로 경계는 하나님께서 주신 한량없는 복이다. 경계가 있다는 것은 그 안에서 마음껏 누릴 수 있는 자유함을 의미하고, 경계가 있다는 것은 그 너머에는 위험이 있는 것을 의미한다. 해서 경계 있다는 것은 하나님 무한 사랑하심을 의미한다.

욕심, 모든 것을 무너뜨린다. 하나님도 아랑곳하지 않고 밟고 넘어서게 한다. 저주다. 기억하라! 하나님께서 이스라엘 백성을 사랑하시어 거기까지 경계를 주셨다. 우리를 사랑하시어 거기까지 경계를 주셨다. 온전한 복 주셨다. 그러니 감사하라! 찬양하라! 감격하라!

잊지 마라!

더 달라고 하지 마라! 있는 것조차도 다 누리지 못한다. 그러니 제발 더 달라고 하지 말라! 그런다고 하나님께서 더 주실 분도 아니다. 절대 더 안 주신다. 알겠는가? 왜? 더 주면 망하기 때문이다.

하나님께서 말씀 하신다. "나는 알거든 너 앞 흔히 볼 수 있거든!" 그래서 바울에게 "그만 됐다." 하신 것이다. 경계는 복이다. 한량없는 복이다. 그것 붙들고 감사하는 삶을 살라. 그게 하나님 영광됨의 삶이다.

힘의 원천은 어디 있는가?

히말라야, 에베레스트를 차례로 완등, 정복한 산악인은 이렇게 말했다.

"산이 나를 받아 줘야 오를 수 있다."

무슨 말인가? 아마추어는 내 힘이라고 하지만, 프로는 내 힘이 아님을 안다. 둘의 차이는 뭔가? 아마추어는 성공의 원천을 모르고 프로는 성공의 원천을 안다는 것이다.

사울, 힘은 있지만, 그 힘의 원천을 몰랐고,

다윗, 힘이 있었고, 그 힘의 원천을 알았다.

그 결과, 사울 왕가는 문을 내리고 다윗 왕가는 승승장구했다.

무슨 말인가?

힘의 원천을 아는 것이 생명임을 말한다.

하나님,

모세를 부르셨다.

"가라!"

못 간다 했다. 왜? 하나님의 힘 아니라 내 힘 의지했기 때문이다.

하나님께서 모세에게, "너의 손에 뭐가 있나?" 물었다. 모세는 지팡이라 했다. 하나님께서 몰라서 물으신 것 아니다.

무슨 말인가?

"이 사역 네가 하는 거 아니거든, 내가 하는 거거든~ 착각도 유만부동이다. 너!" 하신 것이다.

너, 하나님의 사람아! 착각하지 마라! 너의 삶이라고 네가 사는 것이 아니다. 웃기지 마라!

너 가진 것, 무엇인 줄 아는가? 단지, 마른 작대기 하나 있을 뿐이다. 왜 그것을 깨닫지 못하고 유만부동! 주제 파악 못하고 그 난리법석, 야단인가! 당장 너 손에 있는 마른 작대기, 쓸모없고 깡마른 지팡이를 내려다보라! 그리고 수구리라!!!(숙여라)

너, 하나님의 사람아! 기억하라!

그 지팡이 하나로 당대 세계 최강 애굽을 때려 눕혔음을! 누가? 모세? 아니다. 하나님이시다. 해서 심각하게 물어라! 지팡이! 마른 작대기, 죽은 그것, 힘없는 그것, 소망 없는 그것이 하나님 손에 들려있는가? 아니면 네 손에 들려있는가를! 제발 물·어·라! 제발 네가 하는 것이 아님을 붙들어라!!!

잊지 마라!

역사, 삶의 여정이 네 것이라 생각마라! 무너진다. 소망 없다. 그러니 고백하라! 이 작대기뿐이라고. 그리고 이것을 하나님께 맡긴다고. 힘의 원천은 아버지께 있다고! 그러면 된다. 그러면 그 마른 막대기가 적게는 200만(60만×3.5명(여자, 어린아이)) 많게는 600만(60만×4명(여자, 어린아이)+360만(잡족)) 민족을 구했듯 너의 삶도 영광스런 삶이 된다. 하나님 영광됨의 삶이 된다.

기억하라!
"아버지 제 손에는 깡마른 이 작대기뿐입니다."
"힘의 원천은 오직 아버지께 있습니다."

⚜

때(time)를 아는 믿음

유능한 목회자다.

여생이 얼마 남지 않았다. 충성, 봉사 죽도록 해도 기껏 10년이다. 유학길에 올랐다. 말리고 말렸다. 결국 비행기에 몸을 실었다. 다 이루었다 하는 순간 병들어 하늘나라로 갔다. 무슨 말인가? 때(time)에 관한 이야기다.

와야 할 사무엘 선지자가 늦다. 백성들은 블레셋 앞에서 슬금슬금 도망친다. 사울은 제사를 드린다.

"번제 드리기를 필하자 사무엘이 온지라~" (삼상13:10)

사울은 하나님께 버림받았다. 때(time)로 말미암아 무너짐이다.
다윗, 형들의 도시락 배달을 왔다가 그곳이 쓰임 받는 현장이 되었다.

때(time)로 말미암은 세워짐이다.

에스더, 때를 놓칠 뻔했다. 하지만 삼촌 모르드개로 말미암아 간당간당 때를 붙들어 민족을 구원했다.

"이 때에 네가 잠잠하여 말이 없으면~~네가 왕후의 자리를 얻은 것이 이 때를 위함이 아닌지~" (에4:14)

예수님은 때를 붙들고 일하셨다. 늦게 가심으로 나사로가 죽었다.

"나사로가 병들었다 함을 들으시고 그 계시던 곳에 이틀을 더 유하시고" (요11:6)

혈루병 여인과 대화하다 늦게 가심으로 야이로의 딸이 죽었다.

"아직 예수께서 말씀하실 때에 회당장의 집에서 사람들이 와서 회당장에게 이르되 당신의 딸이 죽었나이다 어찌하여 선생을 더 괴롭게 하나이까" (막5:35)

예수님께서는 때를 이용해 죽은 자 살리심의 강력한 메시지를 선포하셨다.

도마는 때를 놓치므로 부활하신 주님을 먼저 만나지 못했다.
바울은 이방 선교사다. 선교는 바쁘다. 한시가 바쁘다. 하지만, 하나님께서는 바울을 3년간 묵히셨다.

빌립보 감옥의 간수는 은혜의 자리 그 때에 그 자리에 있으므로 자신뿐 아니라 가족까지 구원을 받았다.

이 모든 것, 무슨 말인가?

때(time)와 관련한 메시지다. 때로 말미암아 일어서고, 때로 말미암아 은혜 되고, 때로 말미암아 무너지는 그야말로 때로 말미암은 생사화복의 메시지다.

하나님의 사람이여!

때에 민감하라! 그러면 된다. 하나님의 천지창조 때와 관련한 메시지다. 첫째 날~ 둘째 날~ 셋째 날~ 뭉뚱그려 만들지 않았다.

잊지 마라!

때는 하나님의 영광 되는 삶이기도 하지만, 하나님 영광을 가리는 삶이기도 하다. 그러니 때에 민감하라. 그리고 그것에 집중하라! 하나님의 역사가 파도로 밀려올 때 놓치지 말고 그 파도에 내 몸을 맡겨라! 그러면 된다. 강력한 삶이 된다. 때는 믿음이며 신앙적인 삶의 핵심이다. 할렐루야!!

행복해지는 방법 두 가지

이삭은,

그랄에서 우물을 양보하고 또 양보했다. 그 후 블레셋 왕 아비멜렉이 화친하러 왔다.

"하나님이 너와 함께 하는 거 보았다. 그러니 우리 죽이지 마!"였다.

이삭은 행복의 원리가 무엇인지 깨달았다.

미국, 일리노이대학교 심리학과 에드 디너 교수가 말했다. 사람은 행복해지기 위해 두 가지 중 하나를 선택한다고. 하나는 가지고 싶은 것을 가지면서 행복해 하는 사람과 또 하나는 원하는 것을 줄이며 행복해 하는 사람이라고 했다.

무슨 말인가?

재산 늘려가는 자, 재산 줄여가는 자, 둘 다 행복자라는 것이다. 하지만,

"범사에 여러분에게 모본을 보여준 바와 같이 수고하여 약한 사람들을 돕고 또 주 예수께서 친히 말씀하신 바 주는 것이 받는 것보다 복이 있다 하심을 기억하여야 할지니라" (행20:35)

무슨 말씀인가?

줄여가는 자의 행복을 지지하는 말씀이다. 양보하는 삶, 주는 삶, 내 것을 포기하는 삶, 이타의 삶, 그런 삶을 지지하는 것이다.

욕심은 끝없다. 한없다. 가지고 가진들 부족하고 여전히 목마르다. 욕심은 바닷물을 마시는 격이다. 더 탄다. 목이 타들어간다. 결국, 무너지는 삶이 된다. 그러니 주고 또 주라! 그리고 나누고 또 나누라! 그러면 심플해진다. 가벼워진다. 편해진다. 건강해진다. 행복해진다.

잊지 말라!
행복은 다름 아니다. 추구하는 것 아니라 자꾸 버리는 삶에 있음을. 그래서 주는 것이 복됨을 말씀하셨다. 사람의 말이 아니다. 성경의 말씀, 하나님의 말씀이다. 그러니 그만 가져라! 이젠 됐다. 제발 이삭에게 배워라! 그것으로도 넉넉하고 족·하·다.

분위기 파악도 믿음이다

분위기 좋다. 그 사람이 온다. 분위기 안 좋아진다. 분위기 깨는 사람 맞다.
분위기 안 좋다. 그 사람이 온다. 분위기가 반전한다. 분위기 세우는 사람이다.
어디 가나 두 종류의 이런 사람이 있다. 당신은 어떤 사람인가? 세우는 사람인가? 깨는 사람인가?

예수님,

살아생전 어딜 가나 분위기를 띄우셨다. 병든 자리, 어둡게 눌린 자리, 소망 없는 사망의 자리 모두 고치고 회복시켰다. 분위기 반전, 분위기 메이커셨다. 간음한 여인에게 일촉즉발의 긴장된 순간, 돌이 날아올 순간이다. 주님은 그 돌 내려놓게 했다. 할렐루야!

무슨 말인가?

주님께서 날아오는 돌을 멈추게 한 것이다. 분위기를 360도 바꾼 것이다.

바울,

감옥이다. 암울하다. 하지만 기도하고 찬송했다. 감옥에서 구원 잔치 치렀다.

하나님의 자녀인가?

그러면 주님을 닮아라. 바울을 닮아라. 제발 분위기 깨지 마라. 쓸모없는 인간 된다. 급기야 돌이 날아온다. 그러다 무너지는 삶 된다.

한 아이,

아버지 직업란에 '수산업'이라고 적었다. 대책 없는 선생님,

"수산업에도 종류가 있다. 뭐꼬?"

결국,

"어버지… 학교 앞에서 붕어빵 장사해요."

"…"

무슨 말인가?

꼭 그렇게 물어봐야 했나! 분위기를 제대로 파악하는 것이 사람을 세우기도, 사람을 무너지게도 한다.

왕상 2장의 아도니야,
"다시 이런 짓하면 죽는다."는 경고를 솔로몬에게 들었다. 하지만 우둔함으로 왕위찬탈 우회함으로 속내를 드러내 결국 목이 달아났다.
무슨 말인가?
영성 없음이다. 분위기 파악도 영성, 믿음이다.

하나님의 사람들이여!
교회를 세우는가? 어두운 팀에 활력을 불어 넣는가? 그래서 모두에게 용기백배하게 하는가? 그러면 당신은 분위기를 아는 영성의 사람이다. 당신은 분위기를 아는 믿음의 사람이다. 그렇지 않으면 당신은 교회를 망치는 우둔한 사람이다. 미안하지만 당신은 교회를 떠나야 하는 사람이다.

잊지 마라!
그 모임, 분위기를 아는 것도 영성에 기인한다는 것을. 그것 없이 덤벼들면 자신뿐 아니라 모두 힘들게 하고 결국 모두 무너지게 한다는 것을!

기억 하라!
왕상 2장의 아도니야가 그랬다. 자신 주위의 사람을 모두 깡그리 결딴내고 말았다. 안 된다. 깨어 있는 영성 그것은 교회를 세우는데 무엇보다 귀하고 소중한 덕목이다. 그러니 그것으로 하나님 영광됨의 삶을 살아라! 분위기 파악도 영성이다. 믿음이다.

일상으로

쉼은,

다음을 위한 시간이다. 다음은 일상을 말한다. 해서 쉼 이후 일상이 없으면 안 된다.

무슨 말인가? 쉼과 일상은 연결되어야 한다.

모세,

40년간 미디안의 쉼을 가졌다. 이후 40년 전과 같은 긴장과 힘겨움이 기다리는 여전한 일상으로 돌아갔다. 일상이 어디인가? 애굽과 홍해와 광야였다.

이스라엘 백성,

홍해의 감격 찬송으로 쉼을 누렸다. 이후 어제와 같은 긴장과 힘겨움이 기다리는 여전한 일상으로 돌아갔다. 일상이 어디인가? 전갈과 목마름이 있는 광야였다.

엘리야,

갈멜산의 승승장구, 이세벨의 경고, 도주, 로뎀나무 아래의 쉼 이후 긴장과 힘겨움이 기다리는 여전한 일상으로 돌아갔다. 일상은 어디인가? 왕을 세우고 후계자를 세우는 현장이었다.

바벨론 포로,
세 차례의 귀환 이후 긴장과 힘겨움이 기다리는 여전한 일상으로 돌아갔다. 일상이 어디인가? 성전 재건과 건축 현장이었다.

예수님,
한적한 곳에서의 쉼 이후 어제와 같은 현장, 긴장과 힘겨움이 기다리는 여전한 일상으로 돌아가셨다. 일상이 어디인가? 가난한 자, 병든 자, 죽은 자가 있는 현장이었다.

쉼,
이후 일상으로 이어지는 삶을 붙들어라! 그것은 성경의 가르침이다. 몸은 쉴수록 쉬고자 한다. 앉으면 눕고 싶은 게 우리 몸이다. 긴 연휴로 둔감해진 육체를 깨워라! 그리고 덩달아 영혼도 깨워라! 쉽지 않다. 하지만 우린 여전히 전과 같은 긴장과 힘듦의 현장, 일상으로 나아가야만 한다. 그러니 현장을 붙들어라! 피할 수 없다.

에디슨을 보라!
발명 후 무한 감격의 시간을 가졌다. 하지만 그것도 잠시 또 다른 발명을 위해 어제와 같은 일상, 여전히 긴장과 실패와 반복의 일상으로 돌아갔다. 그에게 발명은 사명이었다. 그러니 작품, 명품의 삶이 된 것이다.

노아 가족을 보라!

하나님의 부르심 이후 100년의 삶은 모르긴 해도 수많은 우여곡절의 시간을 보냈을 것이다. 하지만 여전히 방주 짓는 일상을 붙들었다. 즉, 사명을 붙든 것이다.

기억하라!

우리의 일상은 하나님께서 주신 사명의 현장임을! 한시도 놓아서는 안 되는 준엄한 사명임을!

자! 이제 돌아가라! 일상을 붙들라! 사명을 붙들라! 그리고 하나님 영 광됨의 삶을 살라!

일상의 삶을 주님이 먼저 보여주셨다. 성경의 가르침이다. 그뿐 아니라, 하나님께서 주신 명령이며 하나님께서 주신 복이다. 절대 놓치지 말라.

〔시각 수정1〕

바라보는 시각 수정

어느 작가의 고백이다.

"소설이 안 풀릴 때 간혹 1인칭 시점을 3인칭 시점으로 바꿔 쓴다. 그러면 이전에 보이지 않던 소설의 '사각지대'가 보인다."

무슨 말인가?

보는 시각을 달리하니 놓치고 있던 중요한 부분이 보이더라는 것이다. 편협한 시각, 변질된 시각, 삐뚤어진 시각으론 바로 볼 수 없다는 것이다.

이런 사람이 있다. 열심히 기도한다. 그런데 기도의 내용이 기가 찬다. 내 생각에 이루어질 것만 골라 기도한다.

무슨 말인가?

하나님을 보는 시각이 변질되고, 편협하고, 오염되고, 불신앙으로 삐뚤어졌음을 말한다.

그야말로 하나님이 나보다 못하다는 것이다. 눈이 뽑혀도 수없이 뽑힐 사람이다. 맞아도 곱으로 맞을 사람이다.

하나님의 사람들아!

너의 삶, 너의 수준으로, 너의 그 개눈으로 보지 말라. 3인칭, 전능자의 시각으로 너의 삶을 보라! 그러면 너의 삶 적나라하게 보일 것이다. 해서 어떠해야 할지 알게 된다.

가나안 12명 정탐꾼의 눈, 그중 10명과 2명의 차이 무엇인가? 보는 눈이 달랐다. 10명은 철저히 인간의 눈으로만 보았다. 2명은 하나님 시각으로 보았다. 그러니 다를 수밖에!

예수님께서 제자를 부르셨다.

하나같이 어중이떠중이 오합지졸들이었다. 하지만 예수님께서 제자 보시는 눈은 달랐다. 복음서의 제자가 아니라 사도행전의 제자 모습을 보았다.

스티브 잡스, 미래 보는 눈이 탁월했다. 3차원 기기에서 4차원 기기를 내다보았다. 그러니 삐삐를 넘어 스마트 폰을 탄생시킨 것이다.

스티븐호킹, 미래를 보는 눈이 탁월하다. 그러니 중증장애인이지만 세계의 미래를 쥐락펴락했던 것이다.

콜롬버스, 15세기 신학설인 지구 구체설을 붙들었다. 우주 보는 눈이 탁월했다. 그러니 바다 끝이 낭떠러지가 아니라 새로운 세계라는 것을 발견했다.

예언서를 보라!

인간의 편협한 시각으로 보면 당장 멸망의 메시지다. 하지만 하나님의 시각으로 보면 희망 선포 메시지다.

가로 놓인 홍해, 요단강, 인간의 시각으로 보면 절망이다. 모든 게 끝나는 순간이다. 하지만 약속 주심을 붙들고 홍해, 요단강 너머에 있는 약속의 땅 바라보면 할렐루야 한다.

"너는 여리고 맞은편 모압 땅에 있는 아바림 산에 올라가 느보 산에 이르러 내가 이스라엘 자손에게 기업으로 주는 가나안 땅을 바라보라" (신 32:49)

삶이 힘든가?

그래서 홍해, 요단강 같은 장애물 앞에 망연자실, 자포자기하는 그와 같은 모습인가? 그렇다면 지금 당장 너의 그 개눈을 빼고 하나님께서 주신 약속의 눈, 믿음의 눈으로 홍해, 요단강 너머를 보라! 그러면 이미 주어진 내 땅이 거기 있음에 무한 에너지가 뿜어져 나온다. 홍해를 넉넉히 건너는 기적의 주인공이 된다. 요단강을 넉넉히 건너는 기적의 주인공이 된다.

잊지 마라!
믿음의 시각을 확보하라! 그래야 산다. 그래야 보이지 않던 사각지대를 깨닫고 작품, 명품의 삶을 산다. 하나님 영광됨의 삶을 산다.
기억하라!
시각교정, 그건 선택 아니라 필수다. 반드시 교정하라! 교정? 성경에 맡기면 된다. 성경은 시각교정의 최고 명의다. 명의에게 맡겨라! 그래야 산다.

머무는 능력

바둑을 본다.
그들 실력을 뒤로하고 몇 시간 자리 지킴의 능력을 본다.
자리 지킴은 실력을 위한 기본덕목이다. 자리 떠나 왔다갔다? 바둑은 커녕 바둑이도 귀찮아한다. 아무것도 못한다. 아무것도 아닌 삶이 된다. 자리 지킴은 다른 말로 질서다. 질서, 하나님의 속성이다. 반대로 자리를 떠나 우왕좌왕, 설레발, 분주, 산만, 무질서함은 마귀의 속성이다. 결국 무너지는 삶이 되고 만다.

하나님의 창조하심을 보라!

질서다. 아름답다. 해서 하나님 스스로도 "보시기에 좋았더라" 하셨다. 자리 지킴은 또 다른 말로 자기 분수를 아는 삶이다.

교회 내 질서와 원리를 보라!

"그가 어떤 사람은 사도로, 어떤 사람은 선지자로, 어떤 사람은 복음 전하는 자로, 어떤 사람은 목사와 교사로 삼으셨으니" (엡4:11)

무슨 말인가?

자기 자리를 지키라는 말씀이다. 능력에 맞게 쓰였으니 눈을 이리저리 돌리지 말고 딱! 고정해 자기 것을 붙들고 충성하라는 것이다. 그러니 눈 돌리지 마라. 무질서의 시작이다.

하와, 그 대표적 인물이다. 눈 돌리다 인류를 결딴내고 말았다.

다윗, 눈 돌리다. 하나님의 무한 신뢰가 깨져 눈물로 나를 쫓아내지 마소서 했다.

솔로몬은 눈 돌리다.

"전도자가 이르되 헛되고 헛되며 헛되고 헛되니 모든 것이 헛되도다" (전1:2)

결국, 인생말미 허무한 노래를 불렀다.

왕상 2장,

제사장 아비아달은 자격이 안 되는 아도니야를 왕으로 세우려 모의했다. 결국 제사장직을 박탈당해 80세 꼬부랑 노인으로 쫓겨나 온데간데 없이 허무하게 사라졌다.

아비아달,

누군가? 제사장이다. 제사장이 무엇하는 사람인가? 성결, 정결 붙들고 예배, 사람 세우는 사람이다. 한데, 왕 세움 이후 떡고물이라도 생길까? 했나? 자리 떠남의 저주다. 무질서의 저주다.

노아,

자리 지킴의 모본이다. 무려 100년이다. 비도 모른다. 구름도 모른다. 더더군다나 홍수도 모른다. 그러나 주신 사명, 주신 자리를 지켰다. 절대 자리를 떠나지 않았다. 그러니 인류가 물에서 살았다.

요셉,

13년의 우여곡절 끝에 총리가 된 그의 고백을 보라!

"당신들이 나를 이 곳에 팔았다고 해서 근심하지 마소서 한탄하지 마소서 하나님이 생명을 구원하시려고 나를 당신들보다 먼저 보내셨나이다"

(창45:5)

무슨 말인가?

삶의 주관자 하나님을 붙들고 13년을 묵묵히 주어진 자리를 지켰음을 본다. 버팀의 자리, 고독의 자리, 노예의 자리, 억울함의 자리를 잘 지켰다. 절대 그 자리를 떠나지 않았다.

주님, 너와 나 인류의 구원 위해 십자가의 자리를 떠나지 않았다. 기꺼이 자리를 지키셨다.

이 모든 말 무슨 뜻인가?

자리 지킴의 능력, 질서의 능력을 말함이다. 머무는 능력을 말함이다.

잊지 마라!

기웃기웃 넘보거나 눈 돌리면 사팔뜨기 된다. 보기 싫다. 참 싫다. 그러니 제발 눈 돌리지 마라! 그러지 않으면 자리 떠남으로 질서가 무너져 사단의 밥이 된다. 하와 되고 아비아달 된다. 무너지는 삶이 된다.

제발!

자기 자리, 주신 자리, 주신 사명, 그것 붙들고 그냥 충성하라!

그러면 된다. 그러면 능력된다. 기억하라! 머무는 것도 능력이다.

돌아오는 능력

아브라함,

약속을 바라보았다. 넘어지는 실수가 있었지만, 이내 돌아오는 능력이 있었다. 이삭을 얻었다. 돌아옴의 능력이다.

다윗,

하나님 마음에 합한 사람이었다. 넘어지는 실수가 있었지만, 이내 돌아와 죽기까지 우는 능력 있었다. 다윗 왕가 유지 되었다. 돌아옴의 능력이다.

사울,

초대 왕으로 크게 쓰임 받았다. 넘어지는 실수 했지만 돌아오지 못했다. 돌아오는 능력 없음에 무너지는 삶이 되었다.

아도니야의 반란, 압살롬의 반란도 돌아옴의 능력이 없어 무너지는 삶이 되었다.

베드로,

그의 강점이 무엇인가? 돌아옴이다. 언제나 잘 돌아왔다. 철면피도 그런 철면피가 없다. 부끄러움도 없다. 그러니 쓰임 받았다. 돌아옴의 능력이다.

보라!

누가복음에 나오는 열 명의 나병환자들, 9명은 그저 병만 고침 받았지만, 1명은 돌아옴으로 영혼까지 고침 받고 구원 받았다. 돌아옴의 능력이다.

스티브잡스,

자신의 회사에서 쫓겨났다. 다시 불렀다.

"내가 거기를 다시 가나봐라! 내가 미쳤어?" 하지 않았다. 기꺼이 돌아와 새로운 신화를 썼다. 돌아옴의 능력이다.

이런 사람이 있다.

"형편이 나아지면 교회에 나갈게요."

절대 못나온다. 하나님을 떠나 형편이 나아진다? 웃기는 소리다. 돌아옴의 능력 없음으로 무너짐의 길을 가는 자다.

수문 앞 광장,

모여든 사람들, 말씀 떠나 있던 백성들이었다. 하지만 말씀 앞에 돌아와 다시 회복되었다.

무슨 말인가?

그냥 돌아오면 된다는 것이다. 말씀 앞에, 하나님 앞에, 예배의 자리에 그냥 오면 된다는 것이다. 그게 능력이라는 것이다.

잊지 마라!

복은 돌아옴의 능력에 있다. 천 번 만 번 실수해도 천 번 만 번 돌아오라! 그러면 소망 있고 은혜가 임한다.

"수고하고 무거운 짐 진 자들아 다 내게로 오라 내가 너희를 쉬게 하리라"
(마11:28)

오면 된다. 그게 능력이다.

〔시각 수정2〕

보는 것에 따라 삶이 달라진다

망망대해,

설상가상 폭풍에 비까지… 거기다 칠흑의 밤, 파선 직전의 배.

무엇을 보는가?

등대를 본다. 희망이 있다. 살 수 있다. 유일한 삶의 길이다. 다른 길은 없다. 등대만 뚫어져라 뚫어져라 봐야 산다.

다윗,

사울 앞이다. 자신을 죽이려는 대적 앞이다. 하지만 하나님을 보았다. 그러니 하프 들고 사람을 세웠다. 사울을 고쳤다.

사울,

자신 앞에 다윗이 있다. 생명의 은인이다. 하지만 사람을 보았다. 그러니 칼과 창으로 사람을 헤치려 했다. 다윗을 죽이려 했다.

초년생 조훈현,

광활한 바둑 세계 앞에 섰다. 한 줌도 안 되는 자신의 실력, 하지만 미래를 보았다. 이길 수 있는 날이 올 것을 붙들었다. 그러니 월드클래스가 되었다.

꼬마 소녀 김연아,

연습장 없는 빙판 선수에다 한 줌도 안 되는 존재감, 하지만 미래를 보았다. 챔피언으로 설 날을 붙들었다. 해서 빙판 위 오뚝이로 살았다. 그러니 월드클래스가 되었다.

스데반 집사,

복음 증거 중 돌 날아와 이마가 깨지고 피가 터졌다. 하지만 하나님을 보았다. 그러니 보좌에 앉은 주님까지 일어서시게 했다.

복음서의 소경,

예수님께서 지나간다는 소식을 들었다. 눈 감은 채 주님을 부르고 주님을 보았다. 하늘 은혜를 구했다. 그러니 "곧 보게 되어~" 기적을 누렸다.

사방이 가로 막혔다. 진퇴양난, 사면초가, 진퇴유곡, 설상가상…, 하지만 고개를 들어 위를 보면 된다. 하늘은 '뻥' 뚫려있다.

"사방이 가로막혀 절망하나요?~ 눈을 들어 하늘을 바라보세요~"

할렐루야!~

내일은

주일이다. 예배드리는 날이다.

예배가 무언가? 바라보는 시간이다. 하늘을 보는 시간이다. 해서 기적의 주인공이 되는 시간이다.

바라봄, 그건 생명을 풍성케 하는 유일한 은혜 행위다.

놓치지 마라!

욕심내라! 하늘을 내 것으로 만들라! 그러면 끝난다. 그러면 된다. 그게 하나님 영광됨의 삶이다.

들음의 능력

가나안 정복,

거침없는 여호수아와 이스라엘의 능력, 그 힘은 어디에 근거하는가?

여호수아 1장 1절로 9절까지 하나님은 거침없이 말씀 선포하셨다. 그들은 전투 시작 전 이와 같은 말씀을 들었다. 그들의 거침없는 능력은 다름 아닌, 거침없는 하나님의 말씀을 들었기 때문이다. 그들의 힘은 거기서 나온 것이다. 들음의 능력이다.

사도행전 베드로의 거침없는 설교

"형제여 그러면 우리 어찌할꼬?" (행2:37)

유대인의 가슴을 찢었다. 말씀의 능력이다. 들음의 능력이다.

하나님은,
그의 백성을 부르시고 일을 맡기실 때 언제나 말씀을 주셨다. 그 원리
는 언제나 한결 같다.
무슨 말인가?
말씀만이 능력됨을 말씀하시는 거다. 해서 오늘 혹, 말씀을 떠나있는
지 물어라! 떠나 있다면 망하는 인생이다. 그러니 당장 말씀으로 돌아오
라! 그리고 말씀 붙들고 씨름하라! 그게 복이다.

복!
다른 곳에 있는가 해서 어디 기웃거리지 마라! 혼난다. 망한다. 다른
곳엔 없다. 오직 말씀만이 복이다. 그러니 시비 말고 당장 말씀 붙들어
라!

그 원리,
여호수아서를 통해 보여주지 않는가! 아이성 전투 실패가 무엇 때문인
가? 그 중심에 아간이 있었다. 아간이 누군가? 말씀을 떠난 사람이다.
그러니 결국 말씀을 떠난 싸움이 되고 말았다. 결국 무너지는 싸움이

되고 말았다.

이후,

가나안 전투를 보라! 승승장구 거침없는 정복의 시대가 열렸다. 아이에서 또 다시 아이와 벧엘을, 기브온에서 아모리 동맹국을, 막게다, 립나, 라기스, 게셀, 에글론, 헤브론, 드빌, 북편의 동맹군, 하솔, 그리고여러 성읍들… 그야말로 거침없는 나날이다.

오늘의 삶은 영적전투의 삶이다.

"근신하라 깨어라 너희 대적 마귀가 우는 사자 같이 두루 다니며 삼킬 자를 찾나니"(벧전5:8)

무슨 말인가?

여차하면 마귀, 사단의 아가리에 우리 머리가 놓인다는 것이다. 이와같은 삼엄한 영적전쟁의 삶을 산다. 그러니 무엇을 해야 하는가? 전투준비다. 무장이다. 다른 것은 없다. "다른 것이 있으려나?" 하며 엉뚱한곳에 기웃거리지 마라! 당장 목 날아간다.

잊지 마라!

완전 무장밖에 없다. 말씀의 전신갑주다. 여호수아가 그랬듯 말씀 들음으로 강력 무장했듯, 너와 나 하나님의 거침없는 말씀으로 무장하자!

또 다른 한 주가 시작되었다. 늦기 전 손에 무엇을 들고 나섰는지 돌아보라! 그리고 말씀을 점검하라!

"이 율법책을 네 입에서 떠나지 말게 하며 주야로 그것을 묵상하여 그 안에 기록된 대로 다 지켜 행하라 그리하면 네 길이 평탄하게 될 것이며 네가 형통하리라" (수1:8)

이 말씀이면 넉넉히 족하다. 승리는 우리 것이다. 그것 가지고 하나님 영광됨의 삶이 되라!

꾼인가, 사명자인가?

오늘 우린 이 땅을 산다.

이 땅은 어디인가? 하나님께서 보내신 땅이다. 하나님은 우리를 그냥 보내지 않으셨다. 사명 주셨다. 일을 주셨다. 그것 붙들고 살도록 하셨다. 물론 안타깝게도 인간 타락으로 주어지긴 했지만 그러나 하나님께서 주신 것이다. 그러니 싫든 좋든 그것 붙들고 살아야 한다.

그것은 무엇인가?

붙들어야할 것이 무엇인가? 남자는 이마에 땀을 흘려야 하는 일이다. 여자는 아이를 낳는 해산의 아픔이다. 그리고 남녀 모두 이 땅을 다스리고 거기에 충만해야 한다. 그렇다. 하나님 주신 사명이다. 명령이다. 놓을 수 없는 준엄함이다.

한데 그것 붙들고 꾼으로 사는 사람과 사명자로 사는 사람 이렇게 둘 있다. 꾼으로 사는 사람은 이마에 땀이 없다. 쉽게 산다. 아니 뭐든 쉽게 살려한다.

무슨 말인가?

남을 등치는 삶, 사명과는 거리가 먼 삶이다. 이마의 땀에는 관심이 없고 머리의 면류관에만 관심 있다.

사사시대,

9, 10, 11대 사사를 보라! 하나님께서 금하신 이방 결혼, 여러 첩, 그리고 수많은 자녀들… 그리고 다음은 없다. 그야말로 꾼의 삶을 살고 간 사람들이다. 어디에도 사명자의 모습은 없다. 이마에 땀 한 방울 느낄 수 없다. 망할 자들이 아닌가!

사사기서 기록의 패턴은 무엇인가?

범죄, 하나님의 징계, 부르짖음, 하나님의 은혜, 그리고 그 땅 평온한 지 몇 년, 그리고 또다시… 이것이 사사기서 기록의 패턴이다.

하지만 9, 10, 11대에는 이런 패턴조차 보이지 않는다. 더구나 12대 삼손이 태어나 장성할 때까지 40년 블레셋 압제에도 부르짖지 않는다. 얻어맞고 터져도 부르짖지 않는다. 거기다 삼손이 블레셋을 쳐서 승리해도 도리어 화낸다.

"너는 블레셋 사람이 우리를 다스리는 줄을 알지 못하느냐 네가 어찌하여 이같이 행하였느냐"(삿15:11)

무슨 말인가?

사사시대가 암흑시대라고 하는데 그중에서도 가장 암흑기가 아닐 수 없다. 당연하다. 지도자라는 사람들이 먹고 마시고 싸고, 그렇게 살다 갔으니…! 꿈을 둔 이스라엘의 암흑, 불행하기 짝이 없다.

오늘 이 땅을 사는 하나님의 명령 받은 너와 나의 삶은 어떤가? 꿈인가? 아님 사명자인가? 사명자가 누군가? 다름 아니다. 그냥 하나님 말씀 붙들고 사는 자다. 특별한 것 없다. 그냥 말씀 붙듦이다. 가슴 속 말씀 담고 살아가는 자가 사명자다. 말씀 때문에 울고, 말씀 때문에 웃고, 말씀 때문에 살고, 말씀 때문에 죽고 하는 자가 사명자다. 교사꾼, 집사꾼, 권사꾼, 장로꾼, 목사꾼….

그들은 그렇게 태어나 먹고 마시고 싸고 하다 죽었다. 안 된다. 그렇게 왔다가 그렇게 갈 수는 없다. 준엄한 하나님 말씀 내려놓고 의미 없는 삶을 살다 갈 수는 없다. 아브라함은 못 되어도, 다윗은 못 되어도, 바울은 못 되어도, 설교 한 편으로 돌에 맞아 죽은 스데반 집사의 삶이라도 따라가야 한다. 그게 이 땅에 보낸 하나님의 뜻을 이루는 일이다.

하나님의 사람들이여! 바보, 멍충이처럼 그냥 왔다가지 말라! 적어도 그가 무슨 일을 하다가 "하나님의 뜻 이루고 갔다." 정도는 남기고 가라!

그게 오늘도 내일도 천국에서 기다리시는 하나님에 대한 이 땅을 살아가는 우리의 일말의 도리이다.

잊지 말라!

꾼으로의 삶은 저주다. 안 된다. 절대 안 된다. 오늘도 허리 띠 졸라매고 이마에 땀 흘리자! 면류관은 다음 세상에서 쓸 것이니! 당신은 꾼인가? 사명자인가?

실력자 되는 법

붓글씨 대가에게 물었다.

명필이 되는 길이 무언가? 힘을 빼는 일이라 했다. 보기보다 쉽지 않다고 했다. 힘 빼는데 40년 걸렸다고 했다.

무슨 말인가?

힘 빼는 일 하루아침에 되지 않음을 말함이다. 그러나 대가가 되려면, 명필이 되려면 반드시 빼야 한다. 그래야 대가가 되기 때문이다.

인명구조요원,

물에 빠져 허우적거리는 자는 바로 안 건진다. 가까이 다가가 힘이 빠질 때까지 기다린다. 그러지 않으면 붙잡혀 같이 익사하기 때문이다. 힘이 빠져 꼬로록 할 때 비로소 그때 건진다.

분노했을 때, 전문가들은 입을 모아 이야기한다. 그 순간 1분만 참으라고 그러면 된다고!

이 다 무슨 말인가?

힘과 관련한 이야기다. 힘을 빼지 않으면 안 된다는 이야기다. 힘이 들어가야 할 일과 힘을 빼야하는 일이 있다는 것이다.

하나님,

일하심에 힘 빼시는 일이 있다.

혈기왕성한 40에 모세를 쓰지 않고 80에 썼다. 내가 했다 하지 못하게 미디안에서 40년 힘을 뺐다. 이후 80에 강대국 애굽에 가서 민족을 이끌었다.

엘리야는 승승장구해서 850대 1의 승리로 힘이 왕성할 때, "야! 나 이런 사람이야!"라고 못하게 바란 광야에서 죽기까지 힘을 뺐다. 이후 왕을 세우며 처음보다 더 왕성한 사역을 감당했다.

바울은 누군가? 예수 믿은 자를 잡아 죽이는 자다. 엘리야처럼 열심이 특심인 자다. 회심 후 그 열심을 곧이어 복음 전하는 일에 연결 안 했다. 나 이런 사람이야 하지 못하게, 나 용서해 줘! 그동안 몰라서 그랬어! 그러니 봐줘! 인간 붙들지 않게 아라비아 광야에서 3년간 힘을 뺐다. 이후 지구의 반 거리를 다니며 죽기까지 복음을 전했다. 그리고 나중에 힘의 원리를 설파했다.

"~이는 내가 약할 그 때에 곧 강함이라" (고전12:10)

스티브잡스는 매킨토시를 발매하며 과감한 투자로 힘이 왕성할 때, "나! 이런 사람이야 봤지!" 할 찰나 CEO 자리에서 쫓겨나 힘을 뺐다. 이후 13년 만에 돌아와 아이폰을 만들었다.

일하는가? 그런데 혹, 일이 안 풀리는가? 그러면 경직된 힘은 없는지 돌아보라! 생각의 힘, 관계의 힘, 경영의 힘, 믿음의 힘, 이와 같은 힘에서 경직되고 변질된 힘을 빼라!

주님, 말고의 귀 자른 베드로에게 말씀하셨다. 힘으로 되는 일이 아니라고. 칼 집어넣으라고. 힘으로 되는 일이 있고 힘으로 안 되는 일이 있다고!

오늘, 내 삶에서 힘을 빼야 할 일과 힘을 불어넣어야 할 일을 민감하게 분석해 거기에 맞게 살아야 한다.

잊지 마라!

생각 없이 할 수 있다고 막무가내 칼을 휘두르는 어리석음은 일을 망치고 앞으로 한 걸음도 나가지 못하게 한다는 사실을!

붙들어라!

하나님의 일꾼들아! 일꾼으로 쓰시기 위해 광야로 내쫓았다는 원리를! 그래야 실력자 된다는 원리를!

넘지 말아야할 선을 넘지 마라

개(DOG)의 생각,

사람이 모든 걸 다 해 주니 사람을 하나님으로 생각했다. 하지만, 고양이(CAT)는 생각하길 사람이 모든 걸 다 해 주니 자신을 하나님으로 생각했다. 우스갯소리다. 하지만 이기주의 생각과 이타주의 생각 차이가 이렇게 하늘과 땅 차이다.

개는 인간을 몰라 그랬다 해도 고양이는 자신을 그렇게 알았다는 거 아닌가! 넘지 말아야할 선을 넘은 것이다. 미안하지만 ××감이다.

워렌 버핏은 세계적인 대부호다. 돈 많은 부자다. 한 주주가 그에게 물었다.

"이제 당신은 최고의 부자가 되었습니다. 그 다음 목표는 무엇입니까?"

"…제일 나이 많은 사람이 되는 겁니다."

우스갯소리다. 부자의 끝없는 욕심의 조크다. 하지만 죽음을 모르고 넘지 말아야할 선을 넘었다.

다윗 왕 때 일이다.

사울과의 전쟁이 끝났다. 다윗이 사울의 군대장관 아브넬을 환대해 주며 잔치까지 배설했다. 그런 그를 다윗의 군대장관 요압이 굳이 뒤쫓아 가서 죽였다.

압살롬과의 전쟁이 끝났다.

다윗이 압살롬의 군대장관 아마샤를 등용해서 품었다. 그런 그를 다윗의 군대장관 요압이 굳이 살해했다.

다윗 말년,

아도니야를 옹립하려 요압이 제사장 아비아달과 모반을 꾸몄다.

무슨 말인가?

철철 넘쳐나는 힘을 주체 못해 방방 뛰는 미치광이가 된 것이다. 넘지 말아야할 선을 넘고 또 넘고 또 넘었다. 해서 솔로몬 때 결국 죽었다. 절제 없는 망나니의 최후다.

갈라디아 5장을 보라!

"오직 성령의 열매는 사랑과 희락과 화평과 오래 참음과 자비와 양선과 충성과 온유와 절제니 이 같은 것을 금지할 법이 없느니라." (갈5:22~23)

무슨 말인가?

사랑이 있어야 한다. 희락이 있어야 한다. 화평이 있어야 한다. 오래 참음이 있어야 한다. 자비가 있어야 한다. 양선이 있어야 한다. 충성이 있어야 한다. 온유가 있어야 한다. 그러나 이 모든 것은 절제에 통제 받아야 한다는 메시지다.

며칠 전 신문기사다. 철원에서 발생한 총기사고. 빗나간 탄환에 맞아 사망한 병사의 아버지.

"실수한 병사의 이름을 밝히지 말라."

절제의 모본이다. 왜 아프지 않겠는가! 왜 밝혀 갈가리 찢고 싶지 않겠는가! 하지만, 그러면 안 되기에, 그렇게 하면 안 되기에…, 절제는 이런 것이다. 넘지 말아야할 선을 넘지 않는 것 바로 이런 것이다.

요압을 보라!

미친 듯 망나니짓을 하다 태평성대에 그 짓하더니 자신도 태평성대에 그대로 간 것이다.

잊지 마라!

중탕 집에 가지 않으려면, 죽지 않으려면 선을 넘지 마라! 하나님께서 그어 놓으신 선을 넘지 마라! 더 가고 싶어도 거기까지만 가라! 그리고 그만 돌아서라! 그래야 산다. 그게 복이다.

기억하라!

하나님께서 그어 놓으신 선을 넘어 무너진 삶을 살다간 성경 속 수많은 자들을! 그리고 지옥 불에서 부르짖는 그들의 외침을 들어라!

"선을 넘으면 죽는다!!"

오늘도

절제 붙드는 삶을 살라! 그게 주제 파악하며 사는 삶이다. 그게 하나님 영광됨의 삶이다.

실력자가 되고 싶은가? 반복하면 된다

아기는 걸음마를 위해 3만 번 넘어진다. 이 과정이 있어야 걷는다. 누워 있다가 어느 날 벌떡 일어나 걷지 못한다. 반드시 3만 번 넘어져야 한다. 어쩔 수 없다.

하나님은 인간을 그렇게 만들었다. 그래서 넘어져야 한다. 그러니 하나님의 원리를 바꾸려하지 마라! 그렇지 않으면 절대 못 일어난다. 절대 못 걷는다.

7·80년대 연습장 위에 썼던 빽빽이의 힘을 아는가? 그 힘으로 대입을 준비했다. 사시를 준비했다. 영어 잘하는 방법은 따로 없다. 반복이다. 그게 왕도다. 수학 잘하는 방법 역시 따로 없다. 반복이다. 자꾸 풀고 풀고 하면 된다. 그게 왕도다.

에디슨 발명품은 모두 1,000번 이상 반복의 결과물이다. 쉽게 보지 마라! 건성으로 하는 너를 보며 에디슨이 지하에서 비웃는다.

신명기(申命記),

신(申)이 무엇인가?

거듭 '신'이다. 반복이다. 말 그대로 하면 다시 생명의 말씀을 반복한다는 것이다.

왜? 이것 아니면 안 된다는 말이다. 이미 주어졌던 말씀을 다시 붙들자는 것이다. 자꾸자꾸 잊어버리니 자꾸자꾸 말해서 잊어버리지 말고 제발 붙들자는 것이다. 그래야 살 수 있다는 것이다.

여호수아 1장을 보라!

1절로 9절까지 하나님 말씀이다. 기도로 치면 중언부언이다.

무슨 말인가?

하셨던 말씀 자꾸 반복하신다는 것이다. 도와줄 것이니 강하고 담대하라며 귀에 못이 박히도록 말씀하시고 또 하셨다. 왜? 그래야 잊지 않으니까! 그래야 살 수 있으니까!

부모의 잔소리, 무슨 말인가? 그래야 자녀 바르게 되니, 그래야 인간 되니, 그게 사랑이니 어쩔 수 없다.

주님은 기도하실 때 습관을 따라 하셨다.

"예수께서 나가서 습관을 좇아 감람산에 가시매 제자들도 좇았더니" (눅 22:39)

무슨 말인가?

반복에 힘이 있다는 것이다. 이런 말이 있다. 반복하면 습관이 되고, 습관이 인격을 만들고, 인격은 운명을 결정한다고. 좋은 습관은 풍성한 삶을 살게 한다.

주님은 그것을 제자들에게 보여 주시며 동참케 했다. 왜? 그게 사는 길이니.

오늘도,

삶의 자리에 나아간다. 한데 어제와 똑같은 일상이라 무료한가? 지겨운가? 무미건조한가? 권태로운가? 활력이 떨어지는가?

아니다.

잊지 말라고 반복하고 있는 것이다. 실력을 쌓고 있는 것이다.

실력? 무슨 말인가? 열매 '실(實)'이다. 다시 말해 열매 맺는 힘이 실력이라는 것이다. 그러니 열매가 있도록 충분히 반복하라! 무료해도, 권태로워도, 지겨워도 충분히 반복하라! 그러면 나중 어느 때에 열매를 맺고 능력자로, 실력자로 쓰임 받는다.

실력자가 되고 싶은가?

기본 3만 번이다. 넘어지는 반복이 있어야 한다. 그래야 된다. 잊지 마라! 또 넘어지고 또 넘어지고 또 넘어져라! 그래야 된다. 그게 사는 길이다. 그게 열매 맺는 길이다.

자! 오늘도 넘어지러 나가자! 일어나면 그뿐이다.

✦❧

장애물은 넘으라고 있다. 겁내지 마라

삶,

평탄치 않다. 세상 모든 사람은 다 똑같다. 금수저, 흙수저 그런 거 없다. 금수저라도 그 나름 힘듦이 있다. 흙수저라도 그 나름의 장점 있다. 그러기에 도찐개찐(도긴개긴-표준)이다. 그러니 같은 출발선상에 섰다. 그러니 불공평한 출발은 없다. 단지 불공평함을 내가 느낄 뿐이다. 바보다.

잊지 마라!

모두 다 인생의 장애물과 씨름해야 한다. 너나 할 것 없다. 피할 수 없다. 그러니 불평 말고, 회피하지 말고 당당히 맞서라!

2002년 히딩크,

별명은 '5대 0'이다. 그러나 별명이 문제가 아니었다. 모두가 욕하는 동안 약점을 극복하기 위해 문제를 풀었다. 해서 한국 축구에서 역사상 전무후무할 월드컵 4강 신화를 이뤘다.

맨유 감독 조세 무리뉴,

선수시절 4년 동안 벤치에 앉아 벤치를 지키는 선수였다. 4년 동안 40게임도 뛰지 못했다. 그러나 그동안 상대 축구팀의 약점을 파악하는데 주력했다. 이후 첼시, 인터밀란, 레알 마드리드 등 축구 명문구단 감독이 되었다. 현재 맨체스터 유나이티드 감독이다. 연봉은 200억이 넘는다.

무슨 말인가?

장애물의 힘듦이 전화위복되어 도약의 발판이 되었다. 보란 듯 승리자가 되게 했다. 그들을 영웅으로 만들었다.

가데스바네아의 12 정탐꾼,

가나안을 보고 와서 10명은 악평했다. 스스로 메뚜기라 했다. 하지만 2명은 소망을 말했다. 되레 그들은 우리 밥이라 했다. 38년 뒤, 10명은

다 죽고 2명은 지도자로 헬프로 당당히 쓰임 받았다. 가는 세대, 오는 세대에 이름을 남겼고 이름을 남길 것이다. 둘로 인해 늘상 하나님 영광이 선포된다.

이 모두 무슨 말인가?

상황은 하나같이 어렵다. 힘겹다. 무섭다. 피하고 싶다. 안 하고 싶다. 모두에게 예외 없이 어렵다. 하지만 목숨을 거니, 하나님을 보니 되더라는 것이다.

루터의 종교개혁 500년을 맞았다. 당시 누군가 그를 죽여도 책임을 묻지 않는 치외법권의 사람이었다. 하지만 죽고자 하니 영광을 길이길이 남겼다. 늘상 하나님 영광은 선포된다. 할렐루야!

삶,

어렵다. 힘겹다. 사방이 가로막히는 일이 비일비재하다. 하지만 그게 삶이다. 어쩔 수 없다. 그러니 기왕의 삶에 당당히 맞서라!

자! 오늘도 나서자! 아니, 오히려 장애물을 찾아가자! 그리고 당당히 깨부수자! 그리고 할렐루야 하자. 하나님 영광을 선포하자.

잊지 마라!

장애물은 넘으라고 있다. 하나님께서 주신 것이다. 그러니 겁내지 마라! 금수저, 흙수저는 없다. 따지지 마라! 바보 된다.

"사람이 감당할 시험밖에는 너희가 당한 것이 없나니 오직 하나님은 미쁘사 너희가 감당하지 못할 시험 당함을 허락하지 아니하시고 시험 당할 즈음에 또한 피할 길을 내사 너희로 능히 감당하게 하시느니라" (고전10:13)

할렐루야!

⁂

먼저 된 자가 책임 있다. 나서라

의무는 없고, 권리만 추구하는 세상이 되었다. 국민이 그렇고 나라가 그렇다. 망조다. 의무는 권리를 위한 기본이다. 그것이 무너지고 없으니 망할 수밖에!

원전이 그렇다.

무조건 위험하고 나쁘다(?) 그러니 없애야 한다. 이건 권리다. 평온하게 살 권리 맞다. 하지만 원전을 없애면? 뭐? 풍력, 태양광, 석탄, LNG로 전기를 얻는다고? 풍력 발전기를 돌릴 자리라도 있나? 태양광 설치 자리는? 석탄의 미세먼지는? LNG라도 생산이 되나? 가격대비 효율을 따지면 원전만한 것이 없다. 이와 같은 문제가 해결된 건가?

무슨 말인가?

권리만 있고 대책 없고 책임도 없는 자가당착이다. 그러니 대책, 책임을 붙들고 머리 싸매지 않으면 나중에 에너지 문제로 무너지는 날이 반드시 온다.

잊지 마라!

권리도 좋지만, 의무·책임이 있다는 것, 그것을 감당해야 된다는 것, 그렇지 않으면 무너진다는 것. 절대 잊지 마라!

빌 게이츠,

먼저 된 자다. 책임과 의무가 있는 자다. 지금까지 기부한 돈이 50조다. 그래도 건재하다.

폴 마이어,

먼저 된 자다. 책임과 의무가 있는 자다. 수입의 50%를 변함없이 기부한다. 그래도 건재하다.

워렌 버핏,

먼저 된 자다. 책임과 의무가 있는 자다. 지금까지 기부한 돈 역시 50조다. 그래도 건재하다.

무슨 말인가?

돈의 권리도 있지만 먼저 의무를 붙든다는 것이다. 그게 먼저 된 자로 먼저 해야 할 일, 원리를 붙든다는 것이다. 그러니 그들은 늙어도 아름답다. 그러니 승승장구한다.

반면, 우리 아는 부자들을 보라!

품고 싸고 안고 있으니 말년 노년 본인뿐 아니라 가족까지 무너진다.

여호수아 1장 12절~18절,

먼저 된 자에게 책임을 묻는 내용이다. 므낫세 반지파, 갓, 르우벤 지파에게 책임을 묻는 내용이다.

무슨 말인가?

먼저 땅을 받았으니 인제 먼저 전쟁에 나서라는 것이다. 권리만 주장하지 말고 인제 책임이 있다는 것이다. 그렇지 않으면 그것은 죄라는 것이다. 민수기 32장에서 선언한 것처럼 그렇지 않으면 하나님께서 죄를 묻는다는 것이다.

이스라엘 민족은 선민이다. 인류의 구원을 위해 먼저 부름을 받았다. 그러기에 그 같은 고생을 했다. 하나님은 먼저 된 자에게 의무와 책임을 물으신 것이다.

우리는 복음을 먼저 받았다. 먼저 받은 자다. 책임이 있다. 맨 앞에서 전해야 하는 사명이 있음을 알아야 한다. 뒤꽁무니는 망하는 길이다. 하나님께서 책임을 물으며 오실 그때! 뒤꽁무니는 반드시 망한다. 혹여, 오늘도 삶이 무너지고 있는가? 그러면 점검하라! 삶에 권리만 있고 책임 없는 모습 아닌지를!

또!

촛불을 든다고 한다. 권리 주장이다. 한데 의무가 있는지 물어라! 없다면 안 된다. 망하는 길이다. 그것은 오래 전 하나님께서 세우신 삶의 원리다. 원리 떠난 인생, 원리 떠난 국가, 원리 떠난 민족은 결국 망한다. 오늘도 권리에 앞서 의무와 책임을 먼저 붙들고 하나님 영광 되는 삶을 살라! 그게 하나님 기쁨 되는 삶이다.

하나님 백성들이여!

의무와 책임을 다하라! 먼저 나서라! 그래야 산다.

용기의 의미

1차 세계대전 때,

전설적인 전투기 조종사 '에딘 리켄베커' 그는 300시간의 전투비행, 134번의 전투에서 전승했다. 그런 그에게 기자가 물었다.

"두렵지 않았나요?"

"두려웠습니다."

"…."

"용기란 두려워하지 않는 것이 아니라, 두려워하는 일을 하는 것입니다."라고 했다.

싸움꾼,

여호수아가 얼마나 두려워했으면, 그것을 알고 하나님께서는 여호수아 1장, 사역 전, 구구절절 용기 주는 말씀을 해주셨다. 그래서 두려움이 일순 싹 사라졌는가? 그래서 무작정 승승장구하며 거침없는 하이킥으로 가나안을 점령했는가?

아·니·다!

여호수아는 여전히 싸움 앞에서 두려워했다. 그래서 하나님은 또 8장, 10장, 11장에서 연거푸, "여호수아야! 그들을 인하여 두려워 말라~" 하신 것이다.

　갈렙,

　유다지파 사람이다. 유다지파가 어떤 성격인가? 그렇다. 어려울 때 언제나 선두에 서는 지파다. 출애굽 광야에서도 맨 선두다. 그 피를 받았는가! 갈렙은 85세의 나이에 헤브론 산지를 달라고 했다. 헤브론이 어떤 곳인가? 12 정탐꾼 중 10명이 쏟아낸 말을 보라! 그곳에 사는 이들 앞에 우린 '메뚜기'.

　무슨 말인가?

　헤브론 산지 그 땅은 안 된다는 것이다. 그런 곳이 헤브론 산지다. 그런데 갈렙은 그곳을 달라고 했다. 그런 갈렙에게 두려움이 없나?

　아·니·다!

　여호수아 14장을 보라!

　"여호와께서 나와 함께 하시면~" (수14:12) 라고 했다.

　12척 뿐인 명량의 이순신,

　두려움이 없었는가? 난중일기를 보라! 싸움직전 신인(神人)까지 나타나 용기를 줄 정도다.

　세계 2차 대전을 승리로 이끈 영국 총리 윈스턴 처칠은 두려움이 없었는가? 그의 좌우명은 "포기하지 마라! 절대로 포기하지 마라!"이다. 무슨 말인가? 두려움을 넘으려한 자기 암시다.

　지금의 반듯한 독일을 만든 독일 총리 메르켈, 사회개혁을 위해 올인

할 때 그때 두려움이 없었는가? 4선까지 할 동안 무난한 삶이었는가? 잔잔한 바다 위에서 유영하듯 그렇게 했겠는가? 누명, 오명 거기다 이혼 경력까지 있는 그녀는 평탄한 정치인이 아니었다. 2010년께부터 그녀의 이름을 따 '메르켈스럽다.'라는 유행어가 나왔다.

무슨 말인가?

그동안의 두려움과 고난에 맞선 내공 탓에 자연스레 풍기는 신중함을 표현한 것이다. 그녀의 성공 12가지 계명 중 9번째가 무엇인줄 아는가? 해적정신이다. 다시 말해 '나는 아무 것도 두렵지 않다'이다. 이 또한 무슨 말인가? '나는 두렵다'이다.

이 모두 무슨 말인가?

용기를 말한다. 두려운 일 하는 걸 말한다. 그럴 때 승리함을 말한다.

삶의 현장,

광야가 그렇듯, 두렵고 떨리는 곳이다. 위험이 언제나 도사리는 곳이다. 하지만 우린 그곳을 떠날 수 없다. 그동안 그곳에서 살았고 또 살고 있으며, 앞으로 살아갈 것이기 때문이다. 그러니 두려움과 맞닥뜨려야 한다. 어쩔 수 없다. 피할 수 없다.

이런 말이 있다. 피할 수 없으면 즐기라고.

자! 오늘도 싸우러 가자! 그리고 누리고 쟁취하자! 85세 노인도 가는데 팔팔한 우리가 그것도 '너는 내 것이라! 내가 너를 도우리라!' 하며 도와주시는 하나님이 계시는데 뭐가 두려울쏘냐! 그러니 할렐루야하며 가자! 할렐루야!

잊지 마라!

용기란 두려운 일을 하는 것임을!

아! 수정한다. 용기란 하나님을 붙들고 두려운 일을 하는 것임을!

포기하라! 포기하라!

주신 은사를 붙들면 된다.

박지성은 히딩크만큼 잘할 자신 없어 지도자를 포기했다. 해서 행정가의 길을 선택했다. 박지성이 누군가? 2002년 누구보다 스타였다. 이후 세계 명문구단에서 뛰었다. 호날두가 있었던 맨체스터 유나이티드에서도 뛰었다. 세계무대에 나가 존재감을 유감없이 발휘했다. 해서 누구나 박지성이 유능한 지도자가 될 것으로 보았다. 그러나 의외로 본인의 선택은 달랐다. 그렇다고 그의 선택을 섣부르다 하지 못한다.

왜? '그동안 무슨 일을 할까 고민하겠다'가 아니라 행정가가 되겠다며 확신, 선언했기 때문이다.

무슨 말인가?

자신에게 맞는 일, 자신이 잘할 수 있는 일, 감히 드러내놓고 선언할 만큼 확신을 가진 일을 선택했다는 것이다. 그게 천직이라는 것이다. 그게 하늘이 자신에게 준 일이라는 것이다. 박수를 보낸다.

포기, 우린 이 단어와 친하지만 또한 낯설다.

왜? 이 단어엔 부정적인 뉘앙스가 담겨 있기 때문이다. 포기했다고 하면 칭찬보다 욕을 더 많이 듣기 때문이다. 그럼에도 해야 할 것은 해야 한다.

윈스턴 처칠의 좌우명은 '포기하지 마라! 절대로 포기하지 마라!'이다. 하지만 포기해야 할 일, 포기하는 것 역시 박수를 보낼 만큼 귀한 일이다.

그것이 안 되는 줄 자신은 안다. 하지만 주위의 눈 때문에 망하는 줄 알면서도 그렇게 붙들고 있다. 바보다.

신약의 제자들,

그물을 깁다, 돈 받다 부름 받았다. 그들은 거기서 잔뼈가 굵었다. 거기서 돈 버는 테크닉을 터득했다. 나름 그 일에 모두 전문가다. 하지만 주님 부르실 때 단박에 아멘 했다. 자기 일을 포기 했다.

왜? 그 일보다 모르긴 해도 주님 따르는 일이 더 나을 것 같아서다. 그러나 그 같은 결정은 확신 없이는 못한다. 이후 그들의 삶은 순교자의 삶이 되었다. 복음 전함의 삶이 되었다. 영광스런 삶이 되었다. 하나님 기뻐하시는 삶이 되었다.

무슨 말인가?

잘하는 일을 붙들라는 것이다. 하늘에서 주신 일을 붙들라는 것이다. 엉뚱한 것 붙들고 남 눈치 보며 허송세월하며 결국 무너지는 삶 살지 말라는 것이다.

고전 12장을 보라!

이 또한 무슨 말인가? 하늘에서 각자에 맞는 일, 각자 잘할 수 있는 일을 주셨다는 것이다. 그래서 그것을 붙들고 충성하라는 것이다. 하늘이 알아서 주신 거니 붙들고 살라는 것이다.

바란다!

지금 붙들고 있는 일이 오래되었는가? 그런데 열매가 없는가? 포기하려고 해도 눈치 보이는가? 정말 그런 일을 붙들고 있는가? 그렇다면 놓아라! 당장 놓아라. 당장 포기하라! 미안하지만, 그것은 네 것이 아니다. 하늘에서 그것을 네게 주지 않았다. 더 늦기 전에 제발 그것을 놓아라! 그래야 산다. 그리고 조용히 귀 기울여라! 하늘의 소리를. 아니, 먼저 네 가슴 속 어딘가에서 들려오는 소리를….

"야! 너 이거 잘하잖아!"

그 소리를 들어라!

그리고 과감히 그것을 붙들고 승부수를 던져라! 확신하건대 열매 있는 삶을 살 것이다.

왜? 누구보다 내가 더 잘 알기 때문이다.

잊지 마라! 포기도 믿음이다. 하나님 영광됨의 삶이다.

기억하라!

그럼에도 포기하지 않으면 하나님께서 성경 인물들을 하나같이 포기케 해 쓰신 것처럼 그렇게 쓰신다. 그건 부끄러운 일이다. 삶의 원리, 하나님 주신 원리가 눈앞에 선연한데 굳이 모른 척해 포기 당할 필요 없지 않은가!

자! 하나님 백성들이여! 오늘도 나아가자! 포기하러 나아가자! 그리고 내게 주신 것 붙들고 돌아오자! 잘할 수 있는 것 붙들고 돌아오자!

당신만으론 특별하지 않다

썩는다. 그러면 소금 뿌려라.

맛이 밋밋하다. 그러면 소금을 넣어라. 그러면 놀랍게 살아난다.

무슨 말인가?

혼자만의 힘으론 안 된다는 것이다. 누군가의 도움, 누군가의 힘이 필요함을 말한다. 그래서 독불장군은 저주다. 썩고 맛없어 밖에 버려져 밟힐 뿐이다.

현대인은 무슨 병에 걸렸나?

'인정욕구'라는 지독한 병에 걸렸다. 치료약이 없다. 앞으로도 없을 것이다.

왜? 날마다, 시간마다 변이를 일으키기 때문이다. 돌연변이도 이런 돌연변이가 없다. 창조 이래 가장 강력한 돌연변이다. 왜 그런가? 행복의 기준을 남의 눈에 두기 때문이다. 찍고 또 찍고 또또 찍어 그것도 익명의 누군가로부터 인정받아야 행복하다고 느끼기 때문이다.

"나 특별하니까 인정해 줘!"

저주가 아닐 수 없다.

국가별 행복지수.

1위 덴마크, 2위 스위스 …, 13위 미국 …, 53위 일본 …, 58위 한국

덴마크인은 행복의 비결 '얀테의 법칙'을 붙든다. 얀테의 법칙이 뭔가?

10가지의 법칙이다. 소개한다.

1. You're not to think you are anything special.

   당신이 특별하다고 생각하지 말 것.

2. You're not to think you are as good as we are.

   당신이 우리들만큼 좋다고 생각하지 말 것.

3. You're not to think you are smarter than we are.

   당신이 우리보다 더 똑똑하다고 생각하지 말 것.

4. You're not to imagine yourself better than we are.

   당신이 우리보다 더 훌륭하다고 상상하지 말 것.

5. You're not to think you know more than we do.

   당신이 우리보다 더 많이 알고 있다고 생각하지 말 것.

6. You're not to think you are more important than we are.

   당신이 우리들보다 더 중요하다고 생각하지 말 것.

7. You're not to think you are good at anything.

   당신이 모든 것을 잘한다고 생각하지 말 것.

8. You're not to laugh at us.

   우리를 비웃지 말 것.

9. You're not to think anyone cares about you.

   당신을 누가 도와줄 거라고 생각하지 말 것.

10. You're not to think you can teach us anything.

당신이 우리를 가르칠 수 있다고 생각하지 말 것.

무슨 말인가?

남들보다 내가 특별하다고 생각하면 그때부터 불행하다는 것이다. 세상 사람들의 지혜다. 한데 우리가 누군가? 우린 하늘 백성이다. 우리는 진짜 특별한 사람들이다. 그래서 불행한가? 그렇지 않다. 하지만 이와 같은 법칙에 한 가지 첨언한다면 하늘 백성에게 딱 맞는 행복 법칙일 수 있겠다.

1. 하나님 없이 당신이 특별하다고 생각하지 마라.

Do not think you are special without God.

9. 하나님이 아닌 누군가가 당신을 도와 줄 거라 생각하지 마라

Do not think someone who is not God will help you.

무슨 말인가? 하늘 백성은 하나님 없으면 무의미하다는 것을 붙들라는 것이다.

"너희는 세상의 소금이니 소금이 만일 그 맛을 잃으면 무엇으로 짜게 하리요 후에는 아무 쓸 데 없어 다만 밖에 버려져 사람에게 밟힐 뿐이니라"

(마5:13)

맛이 없는가? 썩는가?

그러면 소금 넣으면 된다. 소금 넣으면 살아난다.

우리는 맛없다. 잘 썩는다. 불안불안하다. 하지만 하나님 도우시면 된다. 하나님 오시면 된다. 하나님 내 삶에 들어오시면 된다. 그러면 맛나고 썩지 않는다. 행복에는 하나님이 있어야 한다.

잊지 마라!

하나님 없이 내가 특별나다 하면 그때부터 불행한 삶이 된다.

그러니 당신, 하나님 없이 특별하다고 생각하지 마라!

하나님은 내 삶에 반드시 있어야 한다. 그래야 맛나고 의미 있다.

영화 『토르』가 주는 은혜 (1)

영화 『토르』를 보았다.

토르하면 망치다. 망치하면 토르다. 토르의 힘은 망치에 있다. 그것만 있으면 악당은 문제없다. 한데 극 중간 망치가 망가진다. 해서 중간 중간 다른 능력을 받아 능력을 발휘한다. 하지만 재미없다. 망치로 싸워 이겨야 재밌는데….

재미없다. 흥미 없다. 그 탓에 극 마지막까지 새로운 망치가 언제 나오나 기다렸다. 끝까지 나오지 않았다. 시큰둥한 반응, 영화? 별로….

왜 그런가?

망치를 든 토르가 멋있기 때문이다. 처음 가졌던 그것이 가장 멋있었기 때문이다. 그래서 그것을 들고 싸워 이기기를 바랐기 때문이다.

망치=토르, 토르=망치의 도식이 가장 이상적이기 때문이다.

사사 시대의 사람 중 한 사람 삼손이다. 머리카락하면 삼손이다. 삼손하면 머리카락이다. 그런 그가 머리카락을 잃었다. 눈알이 빠지고 묶여 맷돌을 돌리는 노예가 됐다. 철저히 망가졌다. 그런 그가 마지막으로 기도했다. 한 번만 힘을 달라고. 해서 힘 받아 엄청난 기적을 행했다. 하지만 재미없다. 흥미 없다.

왜? 그의 매력은 머리카락이다. 머리카락이 아닌 것에서 기적을 일으켰기 때문이다. 그의 것이 아니기 때문이다. 혹여, 머리카락이 순식간에 자라 그랬다면 멋있었을 터였다. 하지만 최후까지 머리카락은 없다. 시큰둥한 반응, 반전, 별로….

무슨 말인가?

처음 하나님께서 주신 것이 있다는 것이다. 처음 받은 그것이 참 능력이라는 것이다. 해서 그것이 내게 가장 맞다는 것이다. 나의 매력이며 나의 강력함이라는 것이다. 그것으로 쓰임 받아야 가장 아름답다는 것이다. 그러니 다른 것은 내게 매력 없다는 것이다.

이 아침, 토르가 주는 은혜를 붙들어라! 삼손이 주는 은혜를 붙들어라! 하나님이 주신 그것을 붙들고 삶을 이겨라! 그러면 멋있다. 그것도 가장 멋있다.

큰 용사였던 기드온은 왜 마지막까지 큰 용사가 아닌가? 처음 것을 놓고 삶의 말미에 엉뚱한 것을 붙들었기 때문이다.

육체의 가시를 지닌 바울은 왜 마지막까지 영웅인가? 약한 것을 그대로 붙들고 달려갈 길 다 마쳤기 때문이다.

잊지 마라!

하나님께서 주신 것 그게 최상품이다. 내게 가장 잘 맞는 명품이다. 그러니 그것을 붙들고 삶을 이겨내라! 그러면 하나님 영광됨의 삶이 된다.

기억하라!

토르하면 망치다. 망치하면 토르다.

영화『토르』가 주는 은혜 (2)

토르하면 망치였다.

하지만 극 중 망치가 망가졌다. 극 후반부 절체절명 때 토르가 아비에게 말했다.

"나는 망치가 없어요."

하지만 아비는 그 망치에 대해 전혀 언급하지 않는다. 그리고 이렇게 말한다.

"너는 전보다 더 강해질 수 있다."

해서 아비로부터 오는 능력으로 악당을 다 깨부순다.

무슨 말인가?

토르가 전보다 더한 능력을 누리려면, 그동안 누렸던 망치의 능력을 포기해야 한다. 그래야 다른 능력을 붙들 수 있다. 망치를 붙들고 있으면 언제까지나 망치의 능력 그 이상은 없다. 더군다나 망가진 망치에 연연하면 쫄딱 망한다.

하나님께서 처음 주신 것이 내게 가장 잘 맞다. 하지만 하나님께서 내게 또 다른 것도 주실 수 있다. 하나님의 역사를 위해 새로운 힘, 새로운 능력을 주실 수도 있다. 그러니 영적 폐쇄는 안 된다. 썩는다. 오직 이것이다 하면 하나님의 역사를 망가뜨릴 수 있다. 언제나 하나님의 일하심 앞에 'open mind~' 그래야 능력을 받는다. 그것도 새로운 시대 새로운 능력을….

예수님을 보라!

복음서의 예수님은 부드럽게 케어(care)하시는 분이다. 하지만 계시록의 예수님은 섬뜩하게 심판(judgment)하시는 분이다.

구약을 보라!

하나님은 시대마다 때마다 다른 일꾼을 보냈다. 능력도 성향도 다 달랐다. 하지만 하나님의 역사를 하나같이 이뤘다.

무슨 말인가?

새로운 시대, 새로운 힘으로 오신다는 것이다. 새로운 시대, 새로운 리더가 필요하다는 것이다. 그러니 폐쇄적인 생각을 내려놓으라는 것이다. 그렇지 않으면 쓰임 받지 못한다는 것이다. 망하는 인생이 된다는 것이다.

하나님의 사람들이여!

너의 맘을 하나님을 향해 활짝 열어라! 그리고 주시는 새로운 힘을 붙들고 그의 영광됨의 삶을 살라!

역설적이다.

처음 주신 것을 반드시 붙들어야한다. 하지만 그것만 고집하면 망한다는 것이다. 또 다른 것을 주시면 처음 것은 내려놓고 또 다른 그것을 붙들어야 한다. 그래야 산다는 것이다. 그게 능력이 된다는 것이다. 고집 피우지 마라! 하나님 주신 것이다.

토르=망치, 망치=토르다. 하지만 저 도식을 잘 봐라! 더 이상은 없다. 언제나 머무는 자리다. 머문다는 건 썩는다는 것. 해서 영화감독도 망치를 부순 것이다. 더 이상은 지루하므로….

잊지 마라!

토르=?, ?=토르 되어야 광대해진다.

하나님,

광대하신 분이다. 좁은 내 가슴에, 제한된 망치에, 그 하나님을 가두지 말라! 그건 저주다.

오늘도 토르의 저주, 망치의 저주를 깨는 하루 되라! 그래야 처음보다 더 강한 힘을 누린다. 그것이 하나님 원하시는 삶이다. 그것이 하나님 영광됨의 삶이다.

복이 되는 사람

복은,

모든 사람이 좋아한다. 해서 복 받기 위해 밥그릇에도 숟가락에도 이불에도 베개에도 심지어 속옷에도 복(福)자가 있다. 이렇게 복을 좋아해 받기 원한지만 주는 데는 관심 없다. 그래서 사람에는 두 종류의 사람이 있다. 복(福)이 되는 사람과 해(害)가 되는 사람이다.

복이 되는 사람은 주위 사람을 먹여 살린다. 빌게이츠다. 워렌버핏이다.

해가 되는 사람은 주위 사람을 망하게 한다. 김정은이다. 절대 기득권 놓지 않는 강성노조다.

성경에도 있다. 복이 되는 사람은 아브라함이다. 복의 근원이다. 해가 되는 사람은 요나다. 자신으로 인해 주위 사람을 엄청 힘들게 했다.

복이 되는 사람과 있으면 덤으로 복을 누린다. 롯과 같은 사람이다. 그는 신실하지 못한 아브라함의 조카다. 하지만 살아생전 아브라함 때문에 어디를 가나 복을 누린 사람이다. 그런가하면 해가 되는 사람과 있으면 덤으로 쫄딱 망하는 삶이 된다. 요나는 배를 타고 도망갔다. 선장은 요나 때문에 재산을 다 날렸다. 살아생전 요나 때문에 빚 갚는다고 세월을 다 보냈을 터이다.

우리는 성경이 말씀하는 축복의 통로다. 통로가 뭔가? 흘러가게 하는 장치다. 다시 말해 복이 흘러가게 하는 도구라는 것이다.

수도관이 막히면 물이 나오지 않는다. 통로가 막힌 것이다. 복이 흘러가지 않는다. 하나님께서 주신 복을 흘러 보내지 못한다는 것이다, 풍성한 갈릴리가 아니라 죽음의 사해라는 것이다. 썩었다는 것이다.

너! 하나님의 사람아!

복의 통로인가? 복이 되는 사람인가? 아니면 해가 되는 사람인가? 돌아보라! 내 주위에 사람이 없다면, 나는 해가 되고 사해와 같은 사람이다. 하지만 내 주위에 사람이 많다면, 나는 복이 되는 사람, 갈릴리와 같은 사람이다.

잊지 말라!

우린 축복의 통로다. 아브라함과 같은 자들이다. 복 되고 복 주는 복을 풍성히 흘려보내는 사람이다.

주님은 승천 전에 지상명령을 주셨다. 땅 끝까지 가서 복음, 복을 주라고 하셨다.

기억하라!

하나님의 명령이다. 명령은 반드시 행해야 한다. 그렇지 않으면 총살감(?) 된다. 그러니 복을 주는, 복 되는 사람이 되라! 복이 되어 주위를 먹여 살려라! 오늘도 내일도 축복의 통로 되어 하나님 영광됨의 삶을 살아라!

"내가 너로 큰 민족을 이루고 네게 복을 주어 네 이름을 창대케 하리니 너는 복의 근원이 될찌라" (창12:2)

부르심의 은혜

하루하루, 동족의 피를 빨아야 먹고 살 수 있는 저주와 같은 삶의 세리 마태.

하루하루, 갯내 비린내 맡으며 뱃놈의 삶을 살아야 먹고 살 수 있는 베드로, 안드레, 요한, 그리고 야고보.

하나같이, 천덕꾸러기의 삶, 천하디 천한 그런 삶, 누구 하나 찾아주는 이 없는 그런 소외된 삶, 그냥 그렇게 살다가 흔적도 없이 사라질 무의미한 삶.

그런 그들을 어느 날,

"나를 따라 오너라."

무의미한 삶이 의미의 삶이 되었다. 풍성한 삶이 되었다. 그 삶에 목숨 거는 삶이 되었다. 하나님께서 받으시는 삶이 되었다. 영광됨의 삶이 되었다. 부르심이다.

국민 타자, 36번의 이승엽은 은퇴했다. 은퇴식 때 구단주를 보자마자 눈물이 '펑'터졌다.

왜? 일본 갔다 돌아왔을 때, 과연 삼성에서 나를 다시 받아줄까 불안 불안 했는데 그에게 "삼성에 와서 다시 뛰지?"라며 다시 삼성맨으로 부른 사람이 구단주였기 때문이다. 부르심이다.

2002년 월드컵, 안정환의 페널티킥 실축, 하지만 히딩크는 여전히 안정환을 인정하며 그 자리에 뛰게 했다. 결국 골든 골을 넣었다. 존재감을 상실한 그가 일순 무한 존재감의 영웅으로 다시 거듭났다. 그 탓에 지금도 이쁘고 멋있다. 부르심이다.

이 모든 말 무엇인가?
그렇다. 부르심의 은혜다. 부르심이 있기에 가능한 일이다.

너! 하나님의 사람아!
부르심의 은혜가 있는가? 그 자리 세워주심의 은혜가 있는가 말이다? 없다면, 큰일이다. 안 된다. 부르심 calling이 반드시 있어야 한다. 그래야 삶에 의미가 있다. 아니면 무의미한 삶이 된다. 해서 calling이 없다면 하나님 앞에 나아가 억지로라도, 떼를 쓰더라도, 불러 달라고 하라! 그래야 된다. 그것보다 중요한 일은 없다.

잊지 마라! 아브라함의 부르심을, 모세의 부르심을, 열두 제자의 부르심을, 예수 핍박자 바울의 부르심을, 부르심 있기에 그들은 의미 있는 삶을 살다 갔다.
부르심, 반드시 있어야 한다. 목숨 걸어야 하는 일이다. 주의 부·르·심!
이승엽의 눈물! 내 가슴에는 흐르는가? 부르심이다.

은혜, 사모하는 자에게 임한다

어느 사업가는 부도로 빚을 졌다. 매일 오천 원씩 갚겠다고 했다. 사업가는 눈이 오나 비가 오나 바람 불어도 하루도 빠짐없이 다리를 건너 왔다갔다. 빚을 갚았다.

어느 날,

사업가는 빵빵한 재력가를 만나 새로운 길을 열었다. 사업가는 성실, 신뢰, 믿음에 박수를 받으며 새로운 비상, 화려한 비상을 했다.

무슨 말인가?

은혜는 아무에게나 임하지 않는다.

아브라함은 브엘세바에 살았다.

하나님께서 느닷 모리아 산에서 이삭을 받치라 하셨다. 아브라함은 이삭을 데리고 80㎞ 사흘 길을 갔다. 눈물의 길, 아픔의 길, 믿음의 길 80㎞.

하나님께서 이미 손을 든 상태다. 칼을 들자 하나님께서 깜놀! 다급히

"아브라함아! 아브라함아! 스톱!!!"

손든 하나님은 독생자 예수그리스도를 보내신다고 약속해 주셨다. 은혜 중의 은혜다.

무슨 말인가?

은혜는 아무에게나 임하지 않는다.

기생 라합은 40년 전 홍해 사건을 가슴에 품었다. 잊지 않았다. 절대 놓치지 않았다. 그러니 다가오는 이스라엘 족속은 그녀에겐 복의 민족, 복덩이였다. 은혜였다.

무슨 말인가? 은혜는 아무에게 임하지 않는다.

사도 바울은 예수 핍박자다. 그의 열심은 끝없다. 핍박의 열심, 열심 중의 열심 특심! 하나님 감동. 그러니 비록 핍박자라도 그에게 일을 맡기셨다.

무슨 말인가? 은혜는 아무에게 임하지 않는다.

아는 선교사님, 왕복 600㎞ 거리를 무려 4년간 매주 쉬지 않고 달려 그곳 땅을 밟았다. 하나님께서 그 땅을 주셨다. 선교 센터가 되었다. 죽은 영혼 살리는 길을 텄다. 하나님 영광됨의 삶이 되었다.

무슨 말인가? 은혜는 아무에게 임하지 않는다.

잊지 마라!

은혜, 아무에게 임하지 않음을. 은혜는 하나님을 놀라게 해야 누린다. 은혜는 하나님을 감동시켜야 누린다. 은혜는 하나님을 향해 목숨 거는 자가 누린다.

"내가 너희에게 말하노니 비록 벗됨으로 인하여서는 일어나서 주지 아니할지라도 그 간청함을 인하여 일어나 그 요구대로 주리라"(눅11:8)

은혜, 달달볶는 이런 자가 누린다. 이건 은혜 누리는 성경의 원리다. 오늘도 이 원리를 붙들고 승리하는 삶, 하나님 영광됨의 삶을 살라! 오늘도 주님 달달볶는 하루가 되라!

은혜가 임하는 자리

물은 낮은 곳으로 흐른다.

절대 높은 곳으로 흐르지 않는다. 은혜도 마찬가지다. 이건 불변의 진리다.

겸손, 낮아짐이다. 그러니 겸손한 자에게 은혜가 임한다. 성경은 증거한다. 겸손한 자의 복과 교만한 자의 무너짐을.

시내산 아래 우상 숭배로 하나님께서 진노하셨다. 모세는 용서해 달라, 제발 살려 달라고 바닥에 납작 엎드렸다. 낮아지고 낮아지니 다시 사는 방법, 하나님께 나아가는 방법, 제사법 이끌었다. 구원의 은혜가 임했다.

기생 라합은 목숨 걸고 정탐꾼을 살렸더니, 여리고 멸망 속에서 유일하게 살아났다. 간담이 녹았다. 살려 달라 엎드리며 낮아지고 낮아지니 사는 길, 은혜가 임했다.

요셉은 낮아짐의 표본이다. 어찌 하나님께 득죄하리까! 엎드리고 엎드리니, 낮아지고 낮아지니, 때가 되매 높음의 은혜가 임했다. 은혜의 강물이 차고도 넘쳐 하나님의 영광되었다.

다윗은 심각한 범죄 때 나단 선지자의 책망을 듣고 낮아지고 낮아지니, 성군되고 높아지는 은혜가 임했다.

솔로몬에게 하나님이 무엇을 줄까 했을 때, 어리석고 모르니 지혜를 주소서, 낮아지고 낮아지니, 그와 같은 부의 상징, 전무후무한 은혜가 임했다.

니느웨 성은 악랄한 앗수르 사람들의 수도다. 요나는 대충 설렁설렁 복음을 전했지만, 왕부터 짐승까지 금식하며 회개하며, 혹시라도 사함받을까 엎드리고 엎드리니, 낮아지고 낮아지니, 구원의 은혜가 임했다.

베드로, 나는 죄인이로소이다. 나를 떠나소서. 낮아지고 낮아지니 사람을 낚는 부르심의 은혜 임했다.

세리, 나는 죄인이로소이다. 바리새인과 달리 낮아지고 낮아지니 긍휼의 은혜가 임했다.

겸손의 왕 예수님, 높고 높은 곳에서 낮고 낮은 자리로 낮아지고 낮아지니, 인류 구원의 길 열었다.

추사 김정희, 초년의 글씨, 중년의 글씨, 말년의 글씨가 다 달랐다. 하지만 말년 제주도 유배, 북청으로의 귀향 후 그의 글은 천상의 글로 남았다. 낮아지고 낮아지니, 깨지고 부서지니, 전무후무 명인의 은혜가 임했다.

무슨 말인가?
물은, 은혜는 낮은 곳으로 흐름을 말한다.

잊지 마라!
높은 곳에 은혜는 없다. 낮은 곳으로 가라! 그것은 누가복음 14장 말석에 관한 주님 가르침이다. 은혜 받는 원리다. 원리를 붙들어라! 그래야 은혜로 사는 인생이 된다. 하나님 영광됨의 삶이 된다.

향기 나는 삶의 원리

명품 향수는 다이소에 파는 향수와 다르다. 진품 명품 향수, 한 방울의 진액을 얻기 위해 오랜 시간을 갖는다. 그와 같은 향기를 얻기 위해 산고의 진통도 따른다. 그래서 진품 향기, 명품 향기다.

文字香 書卷氣(문자향서권기)
무슨 말인가?

쓰는 글에서 향기가 나오려면 수도 없는 책을 읽고 또 읽어야 된다는 것이다. 그래야 자연스레 진품 향기, 명품 향기 나온다는 것이다.

손기정, 황영조, 이봉주는 마라토너다. 이들은 이를 악물고 뛰고 뛰어 산고의 고통 뒤에 얻은 승리로 진품이 되고 명품이 되어 오래오래 향기를 발하는 것이다.

헬스로 단기간에 식스팩 안 된다. 장기간 동안 먹는 것, 운동하는 것, 철저한 program을 통해 만들어진다. 그래야, 빨래판 명품 진품 식스팩이 된다. 와! 감동의 물결, 향기가 된다.

약속 없이, 10년에 얻은 이스마엘, 명품이 아니다. 약속대로, 25년 뒤에 얻은 이삭이 진품이고 명품이다. 그러니 나중에 기고만장 펄펄 날던 블레셋 왕 아비멜렉은 순순히 손들고 나와 이삭에게 살려 달라 한다. 그의 삶이 진품이며 명품이니 그렇다. 그야말로 하나님의 능력이 풀풀 풍기는 진품 명품 향기 발하는 삶이라는 것이다.

모세, 여호수아, 갈렙, 80년의 세월 동안 묵히고 2인자의 삶을 철저히 살았으므로 하나님께서 주신 향기, 진품 명품 향기 물씬물씬 풍기는 것이다.

한나의 통곡, 눈물로 얻은 아들 사무엘 그러니 그의 삶, 하나님 영광 됨의 삶으로 향기를 발한다.

브리스길라와 아굴라, 목숨 걸고 주의 일을 하니 2천년 지난 지금도 그들의 삶은 여전히 향기 되어 물씬물씬 온 땅 가득 풍겨나는 것이다.

이 모두 무슨 말인가?

명품의 향기 나는 삶의 원리를 말한다.

명품 향기의 삶을 살고 싶은가? 그러면 잊지 마라! 기다리고 묵히고 2인자 되는 시간이 있어야 함을…! 반드시 이런 시간 가져야 함을…!

기억하라!

조급함은 짝퉁이다. 기나긴 인고의 시간이 명품이다. 그것 붙들면, 진품 명품 삶의 향기 발한다. 그러면 하나님 영광됨의 삶이 된다.

제발

기·다·려·라! 그래야 향·기·난·다.

삶은 기적이다. 감사하며 살라

우리 몸은 기적의 공간이다.

면역 세포는 매일 암세포를 죽인다. 해서 암으로부터 매일 벗어난다. 수많은 날 중 하루만 잘못돼도 암에 걸린다. 기적이 따로 없다.

지구, 자전속도 시속 1,667㎞다. 공전속도 시속 107,160㎞다. 이와 같은 속도에 튕겨 나가지도 않고 엄청난 소음도 듣지 못한다. 왜? 만유인

력의 힘 때문이다. 인간의 가청 주파수가 20Hz~16,000Hz여서 그 이하, 그 이상의 소리를 듣지 못하기 때문이다. 상상이 되는가? 기적이다.

피,

혈관의 총 길이 12만km다. 지구 세 바퀴다. 피가 몸 한 바퀴를 도는데 30초다. 상상이 되는가? 기적이다.

기적을 보고 싶은가?

잊지 마라! 이미 기적의 삶을 살고 있다. 그러니 감사하라!

하지만 우리는 늘 특별한 기적을 원한다. 건강 회복, 경제 회복…, 해서 옛 선지자들이 들었던 하나님 음성을 직접 듣고 싶어 한다.

그것 아는가?

선지자보다 더한 주님이 오셨음에도, 주님의 기적을 체험하고 누리고도, 주님 향해 손가락질로 저주하며 결국 십자가에 못 박았다. 그래서 하나님께서는 인간의 속성을 알기에 내가 원하는 기적을 허락하지 않으신다. 그러니 포기하고 이미 주신 기적을 누리며 살라! 그게 영적생활에 더 유익하다.

착각 마라!

원하는 기적을 보면 잘할 거라고? 잘살 거라고? 하나님 잘 믿을 거라고? 웃긴다. 너, 기적 보는 순간 이단 되고, 삼단 되어 하나님 영광을 철저히 가리는 자 된다. 저주의 삶이 된다. 그러니 엉뚱한 맘 품지 말고 있는 기적 붙들고 충성하라! 너 몸의 기적, 성경 66권의 특별 계시 그 속의 기적, 그거면 된다. 그거면 충분하다. 욕심내지 마라! 망한다.

그러므로 기적을 허락하지 않으시는 하나님, 우리 사랑하심의 증거이다. 제발, 망할 기도 하지마라!

며칠 전, 배우 김주혁 씨가 교통사고로 하늘나라로 갔다. 한해 1,700명이 교통사고로 사망한다. 하루 5명꼴이다. 미국은 37,000명이다. 하루 101명꼴이다. 여기 이 숫자에 당신 자신은 언제나 제외될 거라 생각하는가?

당신, 오늘도 기적으로 산다.

감사하며 살라! 제발, 감사하며 살라!

부르심 받은 자가 붙들어야 할 것

교만, 거만은 넘어짐의 앞잡이다. 주객전도 같은 맥락이다.

내가 만든 말이다. 주인은 언제나 주인이어야 하고 객은 언제나 객이어야 하는 주주객객일 때, 겸손 낮아짐의 반석에 삶이 굳건히 세워진다. 창수에도 끄떡없다. 신앙생활은 이것 하기 위해 한다. 교만함에 하나님은 떠나고, 겸손함에 하나님은 머문다. 이것 붙들기 위해 신앙생활 한다.

아브라함이 누군가? 아람 출신으로 아버지 따라 우상을 만들어 팔았다. 해서 아브라함도 아버지 가업(家業)을 붙들고 우상을 팔았다. 그 판 것으로 먹고 살았다. 그런 자다. 하지만 그런 그에게 말씀이 임했다. 어찌된 일인지 아브라함은 우상을 팔면서도 하나님 말씀만이 살 길임을 알고 단박에 아멘하고 길을 나섰다. 우르에서 하란까지 520㎞, 하란에서 가나안까지 480㎞, 1,000㎞ 거침없이 나아갔다.

무슨 말인가?

"나보고 떠나라고?" 하며 고개 들지 않았다.

더러운 죄인임을 깨달았다. 주인이 누군지 깨달았다. 객이 누군지 깨달았다. 주주객객의 의미를 놓치지 않았다. 해서 죽기 살기로 말씀 붙들었다. 은혜인 줄 알고 그것을 붙들었다. 그것을 절대 놓지 않았다. 그러니 그 발걸음이 복의 발걸음 되었다. 믿음의 조상되는 발걸음 되었다. 세상 가운데 복의 통로가 되는 발걸음 되었다.

야곱, 어떤 사람인가? 속이는 자다. 사기꾼이다. 승승장구했다. 하지만 여전히 불안불안 2% 부족한 삶, 얍복강에서 다리병신 되고서야 온전한 자 되었다.

무슨 말인가?

병신 되므로 삶의 주인이 누군지 깨달았다. 삶의 객이 누군지 깨달았다. 주주객객의 원리 깨닫고 놓치지 않았다. 부름 받은 자가 붙들어야할 것이 무엇인지 깨닫고 그것을 절대 놓치지 않았다. 해서 야곱은 이스라엘이 되었다.

요셉은 삶의 말미에 "당신들이 나를 이곳에 팔았다고 해서 근심하지 마소서 한탄하지 마소서 하나님이 생명을 구원하시려고 나를 당신들보다 먼저 보내셨나이다"(창45:5)라고 고백했다. 총리가 되기까지 내려가고 또 내려가고 또 무너지는 가운데 위와 같은 하나님 부르심의 원리를 깨달았다. 요셉은 그것을 굳건히 붙들었다. 절대 놓지 않았다. 해서 종에서 총리로 위기의 이스라엘 민족을 이끌었다.

바울, 그야말로 부르심의 은혜에 사로잡힌 자다. 그러니 맞아도 갇혀도 굶주려도 죽음 앞에도 할렐루야! 찬양의 삶을 살았다.

바울은 언제나 한순간도 부르심의 은혜를 놓지 않았다. 오히려 약할 때 강함이라며 주주객객의 원리를 붙들며 하나님 영광됨의 삶을 살았다.

부르심을 받았는가? 그러면 붙들 것 붙들고 놓지 마라! 생명을 걸어라. 목숨을 걸어라. 모든 것을 걸어라. 그게 복됨의 길이다. 그게 하나님 원하시는 길이다. 그게 하나님 영광됨의 삶이다.

여기, 부르심의 은혜를 붙들고 살다간 1900년대 초 김익두 목사를 소개한다. 하나님의 부름 받기 전 그의 삶과 부름 이후 삶이 얼마나 다른지를! 악질 깡패가 부름의 은혜를 붙들므로 여생을 하나님 위해 불태웠다. 1950년 10월 14일 새벽기도 때 공산당에게 피살되기 전까지 50여 년 동안 한국, 일본, 시베리아 지역을 다니며 776회 부흥집회, 150여 곳 개척교회, 2만 8천여 회 설교, 1만 명이 넘는 사람의 병을 신유의 능력으로 고쳤다.

무슨 말인가?

부르심의 은혜에 감격해 일생 하나님 위해 드린 삶이다. 그 은혜에 감격해 주주객객의 원리 붙들고 절대 놓지 않는 삶 살다 하늘나라로 간 것이다.

부르심의 은혜가 있는가? 그러면

"우리가 살아도 주를 위하여 살고 죽어도 주를 위하여 죽나니 그러므로 사나 죽으나 우리가 주의 것이로다"(롬14:8절) 라고 고백하자.

그게 부르심의 은혜 있는 자가 붙들어야할 유일무이한 고백이다.
잊지 마라!
절대 잊지 마라! 그게 유일무이한 고백임을! 주·주·객·객이다.

멈춤(stop)과 나아감(go)이 주는 은혜

마음껏 달려가는 자동차는 무엇을 의지하는가?
브레이크다. 제동장치가 있기에 마음 놓고 달린다.
유독 자동차뿐 아니다. 달리는 모든 것은 브레이크에 기인한다. 하지만 사람만 그렇지 않다. 해서 언제나 깨지고 무너진다. 깨지고 무너진 이유를 찾으면 하나같이 멈춤이 없었다는 거다.

『제보자』라는 영화가 있다. 이 박사는 없는 줄기세포가 있는 것처럼 포장해 사람을 속이고 인류를 속였다. 그 사실이 누군가의 제보를 통해 고발되고 알려지자 속내 후회한다. 영화 속 그의 독백,

"너무 멀리 왔다. 돌아갈 수 없는 먼 길을… 내가 하나를 내놓으면 사람들은 두 개를 원했고 내가 두 개를 내놓으면 사람들은 세 개를 원했다."

무슨 말인가?

인기영합 탓에 멈추지 못하고 냅다 고고씽만 한 것이다. 하지만 어느 순간 멈췄다면 그의 삶에 기회가 있었을 거였다.

바울, 제2차 선교여행 중 느닷 아시아를 접고 유럽 마케도냐로 가야했다. 잘 보라! 주님의 영이 그를 멈추게 할 만큼 아시아 선교 열정은 대단했다. 결국 바울, 성령의 힘 앞에 아시아에서 stop, 유럽에서 go했다. 그가 여기서도 하나님 영광, 저기서도 하나님 영광을 고집하며 끝끝내 아시아를 붙들었다면, 멈춰 서지 않았다면, 그랬다면 이후 영광은 절대 없다. 멈추니 사역의 폭은 더 넓어지고 하나님 영광됨의 사역이 된 것이다.

무슨 말인가?

stop함으로 누리는 영광이다.

아브라함은 처음 우르에 살았다. 어느 날 아버지 데라를 따라 하란에 왔다. 데라가 죽을 때까지 이곳에 살았다. 오랜 기간 정착하며 터 닦았을 것이다. 한데 이곳도 우르와 마찬가지로 우상 파는 일이 성행했다. 해서 아브라함은 목축도 했겠지만 우상도 팔았을 것이다. 그런 나머지 하

나님께서 찾아오셨을 때 "굳이 가나안에 가야 하나? 익숙한 일거리가 있는데 굳이 가야해?"라며 계속 눌러 앉았다면 후일 인류 복의 통로는 고사하고 우상을 팔다 저주의 인생이 되었을 것이다.

무슨 말인가?

go할 때 아멘하고 붙들었기에 하나님 영광됨의 삶이 되었다.

이런 찬양이 있다.

"주님 말씀하시면 내가 나아가고 또 주님 멈추라고 하시면 멈춰서고~"

무슨 말인가?

하나님 말씀이 나아가고 멈추는 기준이 된다는 것이다. 나아가라 하실 때 거침없고, 멈추라고 하실 때 발걸음 꼼짝 않는 붙박이라는 것이다. 그게 하나님 영광됨의 삶이라는 것이다.

당신의 브레이크, 정상 작동하는가? 아니면 고장 난 브레이크인가?

잊지 말라!

가룟유다가 어느 순간 멈췄다면 그 인생이 저주의 인생으로 끝나지 않았을 것이다. 하지만 고고씽만 했었기에 때는 이미 늦고 말았음을!

붙들어라! 오늘도 말씀하신다.

서라고 하시며 가라고 하신다. 아멘으로 화답할 때 그게 영광됨의 삶이다. 하나님 기뻐하시는 삶이다.

제3장

바른 원리를 붙들어라

전체를 보라! 그러면 기다릴 수 있다

나는 개인적으로 힘들 때 언제나 이렇게 생각한다. 모든 것에는 끝이 있다. 그리고 끝에서 웃고 있는 나의 모습을 그려본다. 그러면 당장 쉬워지는 느낌이 든다.

무슨 말인가? 전체를 보니 기다릴 수 있더라는 것이다.

마라톤 구간에서 견디기 힘든 지점이 30㎞ 지점이다. 스피드스케이팅 5,000m에서도 4바퀴를 남긴 8바퀴째가 가장 힘 든다. 하지만 선수들은 달리고 달린다. 왜? 결승점이 기다리고 있기 때문이다. 끝이 있기 때문이다. 승리의 함성과 완주의 감격이 있기 때문이다.

무슨 말인가? 전체를 보니 '마의 지점'을 넘어 달릴 수 있더라는 것이다.

그런데 전체를 보지 못하면 어떤 모습일까?

삼하 16장을 보라!

시므이가 등장한다. 아들 압살롬의 반란에 예루살렘을 떠나는 다윗에게 돌을 던지며 저주를 퍼부은 시므이, 그가 나중 다윗의 회복을 내다보았다면, 나중 그의 아들 솔로몬 때에 죽임을 당할 줄 알았다면….

무슨 말인가? 전체를 보지 못한 자의 말로를 보여 준다.

요셉을 보라!

믿음으로 아픔의 시간을 보내다 창 40장에서 인간을 의지하는 모습을 보였다. 술 맡은 관원장의 꿈을 해석해 주고 "나중 당신이 득의하거든 나를 바로에게 고해 달라" 하지만 2년 동안 깜깜이 시간.

무슨 말인가?

요셉은 잠깐이지만 나중까지 보지 못하고 인간을 의지해 믿음에 오점을 남기더라는 것이다.

윈스턴 처칠, 그의 좌우명은 '포기하지 마라! 절대로 포기하지 마라!'이다. 제2차 세계대전에서 전 유럽을 손에 넣은 독일이 하나 남은 영국에 폭격기로 공습했을 때, 처칠이 한 대학의 졸업식에서 한 말이었다.

무슨 말인가?

포기하지 않으면 나중에 승리함을 확신한 말이었다. 전체를 보는 강력한 힘의 메시지다.

사랑하는 자들아!

노아는 비를 몰랐다. 그래서 홍수도 몰랐다. 하지만 노아는 밑도 끝도 없이 100여 년 동안 묵묵히 방주를 만들었다. 노아는 언젠가 하나님 말씀이 이루어질 줄 알고 나중 끝에 가서 '비'라는 것이, 나중 끝에 가서 '홍수'라는 것이 있을 것을 확신했던 것이다. 밑도 끝도 없었지만 그러나 기다리고 기다린 것이다.

이 무슨 말인 줄 아는가? 나중까지 보는, 전체를 들여다보는 눈을 가졌기에 그와 같은 삶이 가능했음을 말한다.

잊지 마라!

시작이 있다면 반드시 끝이 있음을! 그래서 하나님도 자신을 알파와 오메가라고 하셨다. 무슨 말인가? 시작과 끝을 말씀하신 것이다. 그 시작과 끝의 하나님께서 모든 것의 끝을, 마무리 하실 것이다. 그러니 굳게 믿어라! 전체를 보라! 그러면 참고 견딜 수 있다.

기다림에서 명품 인생 나온다

요즘 젊은이들은 1주 아니면 100일 기념일을 겨우 넘기고 헤어진다. 그 이유는 다름 아닌 성격이 안 맞다는 것이다. 웃긴다. 성격 맞는 사람이 어딨나? 데리고 와 보라! 1억 준다.

관계는 만들고 고치고 해서 세워나가는 것이다. 만들 때 아프다. 고칠 때 고통스럽다. 하지만 나중 작품은 명품이 된다. 잊지 마라! 명품은 쉽게 안 나온다.

다이소 물건을 보라! 수천수만 가지가 있어도 그중에 어느 것도 명품은 없다. 다 가벼운 일회용이 대부분일 뿐이다. 하지만 이태리 가방은 명품이다. 왜? 장인의 손에서 인고의 시간, 고통의 시간이 있었기 때문이다. 그러니 명품인 것이다.

무슨 말인가?

명품 되려면 오랜 시간이 필요하다는 것이다. 그러니 사람 관계 역시 마찬가지다. 가벼운 만남, 가벼운 열정은 결국 명품 관계를 세우지 못한다. 해서 진득한 시간, 인고의, 산고의 시간이 반드시 필요하다는 거다.

믿음의 선진들은 하나같이 인고의 시간을 보냈다. 해서 쓰임 받은 것이다. 그래서 가고 오는 세대에 길이길이 빛나는 명품인생으로 빛났고 빛날 것이다.

명품 도자기는 도토수비(陶土水飛), 성형, 잿물, 소성(燒成)의 과정을 거친다. 초벌구이는 700-800도에서 최대 25시간, 재벌구이는 1,200-1,300도에서 최대 30시간 굽는다. 이 과정이 없으면 작품이 안 된다. 이 과정이 명품 도자기가 되는 과정이다.

사람은 도자기보다 신묘막측하게 지음 받았다. 해서 얼마나 민감한 줄 모른다. 그러니 기다리고 기다려야 작품이 되고 명품이 나오는 것이다. 단시간에 사람을 알려 하지 말라! 그러면 당연히 실패한다.

주님이 베드로를 보셨다. 무엇을 보셨나? 그의 속내를 보셨다. 그의 마지막을 보셨다. 밤새 고기잡이 한 그의 열정을 보셨다. 한 마리도 잡지 못했지만 말씀 붙들고 나가는 그의 열정을 보신 거다. 그러니 나중에 급한 성격도, 짜증낼 것도, 철저히 배반할 것도 아셨지만 나중 사도행전의 명품 삶까지 기다리신 것이다.

주님이 바돌로메(나다나엘)를 보셨다. 무엇을 보셨나? 그의 속내를 보셨다. 그의 거짓 없는 모습을 보셨다.

"예수께서 나다나엘이 자기에게 오는 것을 보시고 그를 가리켜 이르시되 보라 이는 참으로 이스라엘 사람이라 그 속에 간사한 것이 없도다." (요1:47)

그러니 빌립이 증거한 구약 말씀 앞에서 나사렛에서 무슨 선한 것이 나올 거냐는 불신에도 나중 인도선교 중 껍질이 벗겨져 순교하는 명품 삶까지 기다리신 것이다.

하나님은 우리를 기다리신다. 왜? 나중에 명품 인생이 될 터이니! 나중에 될 베드로 모습을 보시는 거다. 바돌로매 모습 보시는 거다. 영원한 천국에 입성할 온전한 모습을 기다리시는 것이다.

무슨 말인가? 믿고 기다리면 작품이 나온다는 것이다.

너! 하나님의 사람아!

하나님이 찌질한 베드로, 찌질한 바돌로매, 찌질한 우리를 포기하지 않고 기다려 명품을 만들어 내시듯, 뭐든 진득하니 기다려라! 그래서 내 삶, 내 가족, 내 이웃, 내 직장, 내 교회 모두 진품 명품으로 만들어라! 그게 하나님을 기쁘시게 하는 삶이다.

1주로는 안 된다. 100일로도 안 된다. 믿고 기다려라! 그래야 진품 명품 된다.

삶이 어려운가? 사랑이 없기 때문이다

삶, 어렵다. 그러나 살아가야 한다. 멈출 수 없다. 그것은 하나님께서 각자에게 주신 일이기 때문이다. 사명이기 때문이다.

사명?

그렇다.

하나님은 이 땅에 우리를 보내실 때 그냥 보내시지 않았다. 동물처럼, 생각 없이 그냥 먹고 번식하고 살라 하지 않았다는 것이다. 그러니 사명을 깨닫고 그것을 붙들고 살아가야 한다.

그러면 사명이 뭔가? 하나님 영광됨의 삶이다. 하나님 영광됨의 삶은 무엇인가? 그렇다. 다름 아니다. 성경에 말씀해 두셨다. 그것 붙들고 살면 된다. 그것은 하나님 사랑, 이웃 사랑이다. 그러면 하나님 영광됨의 삶을 살게 된다.

삶은 어렵다고 했다. 왜? 사랑이 보기보다 어렵기 때문이다. 하나님 사랑 보기보다 어렵다. 이웃 사랑 보기보다 어렵다. 왜? 내가 죽지 않으면 사랑할 수 없기 때문이다. 내가 살아 번뜩이는 이상 사랑할 수 없기 때문이다. 그래서 사랑과 죽음은 연장선상에 있다 하겠다. 그러니 나를 죽여야 하니 어렵다는 것이다.

삶은 이 문제다. 헷갈려 하지 마라. 돈이 없어 어려운 것이 아니다. 세상으로 보냄 받았을 때 주신 사명을 놓쳤기 때문에 어려운 것이다. 사랑하지 않고 살기 때문에 어려운 것이다.

잊지 마라! 주신 사명, 가서 사랑하라는 그것 못하기 때문에 어려운 것이다.

예수님은 십자가상에서 죽으셨다. 하지만 누가 예수님의 삶을 어렵게 사셨다 하겠는가? 그럴 사람 아무도 없다. 왜? 십자가도, 온갖 핍박의 질고의 삶도, 사랑하시다 죽으셨기 때문에 아프지만 아름답게 보이는 것이다.

예수님은 삶을 참 쉽게 사셨다.

하지만 주위 제자들을 보라! 사랑이 왔다갔다 하니 복음서의 그들의 삶이 얼마나 어려운지 모른다. 그러나 사랑이 무엇인지 알고 난 사도행전 속 그들의 삶은 참 능력으로 쉽게 살았다. 왜? 비로소 사랑이 무엇인지 깨달았기 때문이다. 다 도망간 그들, 다시 찾아오신 예수님을 만나 사랑은 이렇게 하는 거구나 깨달았기 때문이다. 그것 붙들고 살았기 때문이다.

바울,

예수님을 만나기 전, 사랑을 알기 전, 얼마나 어려운 삶을 살았는가? 얼마나 미쳤으면 사람을 잡아다 죽이는 일을 했겠는가! 그것도 특정한 사람, 예수 믿는 사람을! 하지만 다메섹 도상에서 주님을 만난 그의 삶을 보라! 사랑을 붙들고 나아가니 맞아도 굶주려도 아파도 그야말로 병신의 몸으로 복음 들고 지구의 반 거리를 할렐루야하며 다녔다. 사랑의 힘이다. 사명 붙듦의 힘이다. 어려운 듯 참 쉬운 삶을 살았다.

로미오와 줄리엣,
그들의 삶은 쉬웠다. 하지만 양가 가족들은 서로 원수라 마음을 닫고 사니 얼마나 어렵고 힘들었는가! 그러니 두 남녀를 죽음에까지 이르게 했다.
무슨 말인가?
두 남녀의 이타적인 사랑은 쉬웠지만 양가 가족들의 이기적 사랑 탓에 자신들뿐 아니라 모두를 힘들게 한 것이다. 참 사랑이 없으므로 힘든 삶을 살았다는 것이다.

삶이 어려운가? 그러면 가슴에 사랑이 있는가를 물어라!
삶이 어려운가? 그러면 가슴에 주님 주신 사랑전함의 사명이 있는지 물어라! 이타적 사랑이 있는지 물어라! 그러면 된다.
삶은 어렵다. 아니다. 참 쉽다. 그냥 사랑하면 되니까!
기억하라! 주님께서 가신 길이 어려우면 사랑 없는 것이며 주님께서 가신 길이 쉬우면 가슴에 사랑 있음을!

너! 하나님의 사람아!
사랑하라! 그리고 오늘도 주어진 삶을 쉽게 살아가라! 그게 하나님 영광됨의 삶이다. 사랑 있는가? 그러면 쉽다.

소망 없는 삶, 거짓 확신의 삶이다

영화를 봤다.

『저스티스 리그』라는 영화다. 영화 엔딩에 기자인 슈퍼맨의 연인이 이런 글을 썼다.

"어둠의 진정한 의미는 빛이 없는 것이 아니라 빛이 없을 거라는 확신이다."

무슨 말인가? 거짓 확신, 잘못된 확신이 가져다주는 재앙을 말하는 것이다. 그래서인지 슈퍼맨이 다시 살아나기 전까지 그러니까, 슈퍼맨이 영영 죽었다고 확신했던 시간까지, 영화 대부분의 대사는 "우리 힘으로 안 된다. 그를 이길 수 없다."였다. 해서 악당과 싸우지만 패배만이 있을 뿐이었다.

무슨 말인가?

잘못된 확신이 모든 것을 무너지게 하더라는 것이다.

정주영 회장의 어록이다.

"회장님, 안 됩니다." 할 때,

정주영 회장은 언제나 이렇게 말했다.

"이봐, 해봤어?"

무슨 말인가? 안 해보고 거짓 확신으로 말하지 말라는 것이다.

한때 "하면 된다."라는 구호는 전 국민의 좌우명이었다. 사실 해보니 되기에 그 구호는 책상머리에 표구로 두고두고 두었을 테다.

무슨 말인가? 참 확신을 붙들고 하면 되더라는 것이다.

말라기서.

70년 포로 귀환, 성전과 성벽 재건, 그동안 있어왔던 많은 선지자, 예언자가 했던 말,

"우리는 회복된다. 우리의 왕이 오신다."라는 예언은 이루어지지 않고….

주님 더디 오시니 흉년과 질병으로 삶은 죽을 맞이고 급기야 먹고 살기조차 어려움에 그들은 "인제 완전히 끝났다. 인제 안 오신다"며 포기. 해서 제사는 뭔 놈의 제사냐! 대충…, 적당히…, 드리자! 결국 눈 먼 것, 저는 것, 상한 것 들고 와 금하신 제물로 제사를 드렸다. 그러고도

"내 이름을 멸시하는 제사장들아 나 만군의 여호와가 너희에게 이르기를 아들은 그 아버지를, 종은 그 주인을 공경하나니 내가 아버지일진대 나를 공경함이 어디 있느냐 내가 주인일진대 나를 두려워함이 어디 있느냐 하나 너희는 이르기를 우리가 어떻게 주의 이름을 멸시하였나이까 하는도다" (말1:6)

무슨 말인가?

거짓 확신을 붙드니 천지분간을 못하고 되레 "우리가 무슨 잘못을 했단 말입니까!"라며 하나님께 대들었다. 거짓 확신과 믿음 결국 하나님까지 무시한 삶, 저주의 삶이 되었다.

복음서의 제자들은 주님 십자가 사건 후 다 도망갔다. 왜? 인제 끝났어! 바람과 파도를 잠잠케 하셨던 그때의 선생은 없어! 물고기 두 마리와 보리떡 다섯 개로 오천을 먹인 그때의 선생은 없어! 인제 우리 살길 찾아야 돼!

무슨 말인가? 거짓 확신을 붙드니 죽은 자를 살린 주님을 깡그리 잊고 자기 살길 찾아 가더라는 것이다.

너, 하나님의 사람아!

무엇을 붙들고 사는가? '안 된다.'를 붙들었는가? 아니면 '그럼에도 된다.'를 붙들었는가?

바란다.

'그럼에도 된다.'를 붙들어라! 구원의 주 오심을 붙들어라! 참된 확신을 붙들어 하나님 영광됨의 삶을 살라! 애굽의 바로처럼 '이쯤하면 대충 끝나겠지' 하는 거짓 확신 붙들면 장자까지 죽게 하고 결국 홍해 물귀신이 되고 만다.

이제 또 한 주일의 삶이 시작된다. 주님 오심을 붙들고, 주님 약속을 붙들고, 분명하고 확실한 약속의 말씀을 굳건히 붙들고, 거침없이 나아가라! 그러면 된다. 그게 하나님 영광됨의 삶이다.

영화지만 '슈퍼맨은 살아날 수 있어'라는 확신을 가지니 살아났다. 영화는 궁극적인 절망이 무엇인지 그 메시지를 전해주었다.

소망 없는가? 그러면 점검하라! 거짓 확신인지를, 그리고 옳은 확신인지를….

땅 짚고 헤엄치듯 말라

『신경 끄기의 기술』의 저자에게 성공을 결정하는 질문을 했다.
답은 "나는 무엇을 즐기고 싶은가"가 아니라,
"나는 어떤 고통을 견딜 수 있는가"라고 했다.
그러면서,
"성공을 꿈꾸면서 고통을 감수하지 않겠다는 건 허황되다." 해서,
"저성장시대에 성공하려면 난 특별하다는 생각을 버려라!"라고 했다.
실로 손 안 대고 코 풀려고 하면 안 된다는 속담을 말하는 것이리라!

UFC 격투기에서는 상대를 쓰러뜨리기 위해 상대를 쳐야 한다. 하지만 나도 맞아야 한다. 피가 나고 찢어지고 상처 나야 한다. 나는 안 맞고 멀쩡한데 상대만 엉망진창 돼 쓰러진다? 웃기다. 절대 그럴 수 없다. 나도 때론 맞아 다운되고 일어서는 일을 반복해야 한다.
무슨 말인가? 손 안대고 코 풀 수 없다는 원리를 말한다.

구약의 이스라엘, 약속의 땅 가나안에 가기 위해 그들은 하나님께서 만드신 구름을 타고 날아갔는가? 아니다. 광야 40년 기본으로 깔고 있

다. 광야, 어디인가? 맞는 곳이다. 얻어터지는 곳이다. 왜? 좋은 것을 누리기 위해 나도 훈련되고 준비돼야 하기 때문이다. 그래도 실패하는 마당에….

무슨 말인가? 손 안 대고 코 푼다는 말은 있을 수 없다는 메시지다.

영화 이야기다.

적이 내 뒤에서 목을 조른다. 절체절명의 순간이다. 곧 내가 죽는다. 하지만 언제나 반전은 있는 법! 급소를 피해 나를 향해 총을 쏘아 뒤에 있는 적의 급소를 맞힌다. 급소를 피해 나를 관통한 칼이 적의 급소를 찌른다. 나는 살지만 적은 급소를 맞아 죽는다.

무슨 말인가? 내가 죽기를 각오해야 적을 무너뜨릴 수 있다는 것이다. 손 안 대고 코 풀 수 없다는 것이다.

하나님은 능력 있으신 분이다. 전능자이시다. 해서 주님 십자가 사건 없이 인류 구원하실 수 있다. 하지만 죽음을 택하셨다. 피 흘려야 살 수 있음을 적나라하게 보여주셨다.

무슨 말인가? 온전한 것 누리기 위해 반드시 대가를 치러야 함을 말씀하신 것이다. 공짜는 없다는 것이다.

하나님의 사람들이여!

지금 누리고 있는 복음의 능력, 복음의 복이 어떤 경로로 우리까지 왔는지 아는가? 순교의 피 절절히 흘리는 과정과 경로로 우리에게 온 것이다. 희생의 대가로 누리는 복이라는 것이다.

잊지 마라! 피 흘림 없이 사함 없다는 말씀(히9:22) 진리의 말씀 붙들어라! 그게 원리다. 그게 순리다. 그게 하나님 방법이며 그게 하나님 기뻐하시는 삶이다. 그게 하나님 영광됨의 삶이다.

기억하라! 손 안 대고 코 푸는 것은 사기다. 누리기 위해서는 반드시 손을 대야 한다.

이마에 땀 흘려야 한다. 고통을 기꺼이 수용해야 한다. 그렇지 않으면 허황한 삶일 뿐이다. 그래서 하나님이 말씀하시지 않았는가! 이마에 땀을 흘려야 한다고!

땀을 흘려라! 그래야 산다. 오죽했으면 "난 특별하다"라는 생각을 버리라고 했을까!

제발 땅 짚고 헤엄치듯 말라!

삶은 꿈이 아니라 하나님으로 산다

자연인을 봤다.

자연인은 8년 산중 생활한 건장한 사람이었다. 과거 숱한 방황 끝에 산에 온 거라 했다.

"꿈을 잃어버리니 사람이 방황하게 되더라구요." 했다.

맞다. 그럴 수 있다. 단, 하늘 백성이 아닌 사람이어야 한다.

이스라엘 백성은 40년 광야 생활을 했다. 그들은 불순종함으로 가데스바네아 인근에서 38년을 방황했다. 아니다. 하나님은 그들 중 1세대를 죽이려 그렇게 하셨다. 그러니 방황이 아니다. 그냥 죽는 시간이었다.

무슨 말인가?

그냥 불신자들에겐 방황이 맞다. 길을 모르니…. 하지만 하늘 백성에겐 방황이 아니다. 길을 아니…. 그러면 뭔가? 하늘 백성은 가나안이란 꿈이 있었지만 꿈으로 사는 것이 아니더라는 거다. 하나님으로 사는 것이라는 거다. 그래서 하나님을 놓으니 죽더라는 것이다. 해서 불신자들에겐 꿈을 놓친 삶이며 하늘 백성에겐 하나님을 놓친 삶이다.

요셉은 꿈꾸었지만, 불신자들이 꾸는 그런 꿈이 아니었다. 언제나 하나님 품는 꿈이었다.

야곱도 루스에서 꿈을 꾸었다. 하지만 불신자와 같은 그런 개꿈이 아니었다. 야곱은 그곳의 이름을 하나님의 집 '벧엘'이라 하고 베고 잔 돌 베개로 예배했다. 하나님 품는 꿈이었다.

잊지 말라!

불신자의 꿈은 '잘 되겠지', '돈만 있으면…', '때가 되면…', '누구 빽만 있으면…', '기회만 좋으면…', '열심히만 하면…' 모두 막연한 꿈이다. 될 수도 있고 안 될 수도 있는 어쩌면 영영 미완의 꿈일 뿐이다.

그러나 잊지 말라! 하늘 백성의 꿈은 보장된 꿈이다. 예수로 말미암은 꿈이다. 반드시 되는 꿈이다. 왜? 꿈을 주신 분도 하나님, 꿈을 이루어 가시는 분도 하나님, 끝끝내 꿈을 이루시는 분도 하나님이기 때문이다.

그러니 불신자는 꿈을 놓치면 방황한다. 그러니 하늘 백성은 하나님을 놓치면 방황뿐 아니라 끝내 무너지는 삶이 된다는 것이다.

하늘 백성이여!

오늘 당신 가슴에 무엇이 있는가? 그냥 꿈인가? 그냥 흔하디흔한 그런 개꿈 같은 막연한 꿈인가? 아니면 분명하고도 확실한 꿈인가? 보장된 꿈인가?

바란다. 언제나 이것을 물어라! 나는 지금 무슨 꿈을 꾸고 있나가 아니라, 나는 지금 하나님을 품고 있나를!

기억하라!

하늘 백성은 이것 붙들면 죽지 않고 가나안에 들어간다. 약속의 땅을 멋지게 밟는다. 하나님 영광됨의 삶이 된다.

할렐루야!

오늘도 가슴 한가득 하나님을 품고 나아가라! 가나안으로 거침없이 나아가라! 삶은 꿈이 아니라 하나님으로 산다.

하·나·님·은·반·드·시·이·루·신·다.

잘 나갈 때 들려오는 소리를 들어라

처음부터 교만한 자는 없다. 시간이 지나면서 귀 닫고 눈 감는다. 해서 교만해진다.

왜 귀를 닫고 눈을 감을까? 인제 너의 말은 듣기 싫다는 것이다. 너의 그 길이 틀렸다는 것이다. 내 말만 옳고, 내 길만 옳으니 까불지 말라는 것이다. 그야말로 승승장구, 천상천하유아독존이다. 그야말로 교만한 목, 거만한 목에 놓일, 날이 선 말씀의 검을 깡그리 잊은 처사가 아닐 수 없다. 웃긴다.

"교만은 패망의 선봉이요 거만한 마음은 넘어짐의 앞잡이니라"(잠16:18)

역사를 보라!

승승장구했던 그때의 그 나라 어디 있는가? 바벨론, 앗수르, 신바벨론, 페르시야, 헬라, 로마… 무슨 말인가? 없다는 말이다. 단지 얼마나 그 자리에 오래 있었나 하는 것뿐이다. 그러면 뭐하나! 지금 없는데!

무슨 말인가? 무너짐의 본이다. 무너짐의 역사다. 무너짐의 원리다. 내가 난데 하는 교만, 거만의 결말이다.

다윗은 말년에 인구조사를 했다. 미친 짓이다. 해서 신복인 요압이 극구 말렸다. 하지만 "잔소리 말고 빨리 가서 해!" 했다. 해서 거의 10개월을 강행했다. 군사 130만 명 계수, 다윗은 "할렐루야" 했다.

무슨 말인가?

"내가 이 정도거든! 나도 인제 군사 많거든! 쓸데없는 소리들 마!" 한 것이다. 한데 그 일로 기근, 쫓김, 도망, 전염병을 선택해야 했다. 해서 전염병으로 7만이 죽었다. 이때가 언젠가? 9개월 20일, 거의 10개월 동안 군사령관 요압, 군대 사령관들은 인구조사 하느라 다윗을 떠나 있을 만큼 태평성대!

다윗은 잘 나갈 때, 주위에서 들려오는 충언을 들었어야 했다. 귀를 열어야 했다. 눈을 떠야했다. 한데 "까불지 마!" 한 것이다. 그러다 무너진 것이다.

일전에 삼성 휴대전화기 겔 노트7 사건, 승승장구할 때 더 잘했어야 했다.

메시, 호날두는 세금 탈루 사건으로 감옥가게 생겼다. 승승장구할 때 돈 관리 잘했어야 했다.

근자에 H그룹 회장의 아들, 하고자하면 못할게 없는 부자. 하지만 갑질로 감옥가게 생겼다. 승승장구할 때 힘 관리 잘했어야 했다.

한국교회는 성도 수가 곤두박질치고 있다. 왜? 낮고 낮은 무릎, 은혜로 인한 부흥은 깡그리 잊고 기도 자리, 낮은 자리, 은혜 자리를 떠나 돈이면 된다는 힘 붙들다 곤두박질하고 있는 거다. 승승장구할 때, 부흥의 원리를 발로 걷어찬 결과다.

보라!

새벽기도가 사라졌다. 철야기도도 사라졌다. 주일 오후 교회에 불이

꺼져있다. 그러니 몰락의 길 곤두박질은 사필귀정이다!

복음서의 부자, 인제 배 두드리고 먹고 마시고 살려했다. 그때 하나님께서 "지금 너의 목숨을 취하면 그것은 누구 것?" 했다. 승승장구의 순간이 죽음의 순간이 되었다.

하늘 백성이여!
지금 자~알 나가는가? 해서 혹 높은 데를 보고 있는가? 잊지 마라! 다윗은 하나님 마음에 합한 사람이었다. 하지만 그도 승승장구하니 귀 닫고 눈 감고 이상한 짓거리 하더라는 것을!
그러니 잘 나갈 때 귀 열어라! 눈 크게 떠라! 그리고 들려오는 하나님의 음성을 들어라! 그래야 산다. 그래야 오래오래 간다. 그래야 백보좌 심판대 앞에서 면류관 쓴다.

제발!
고집부리지 말고, 귀 열고 눈 떠라! 그게 하나님 영광됨의 삶이다.

무엇을 보는가? 제대로 봐야 산다

닭장에서 자란 독수리는 못 난다. 왜? 땅만 보니까.
반면, 야생에서 자란 닭은 잘 난다. 왜? 하늘을 보니까.

무슨 말인가? 간단하다. 무엇을 보는가가 관건이다.

엘리사의 사환은 불 말과 불 병거를 보지 못하고 성을 에워싼 아람의 군대만 보았다. 그러니 벌벌 떨었다.

바벨론 포로의 이스라엘은 선지자들의 회복 메시지를 붙들지 못하고 당장 망한 모습만 묵상하니 그러니 절망만 했다.

유대광야에서 제자들은 주님 능력 믿지 못하고 당장 장정만 5천 명인 무리만 보니, 음식을 어디서 사야할지 불평했다.

랄프 왈도 에머슨, 1882년에 사망한 미국의 사상가이자 시인이며 그리고 목사였다. 그런 그가 했던 어록과 같은 에세이 묶음 책 『나와 마주서는 용기』가 요즘 대세다. 한데 그의 책을 보라! 그가 왜 목사의 사역을 놓고 관념론에 빠졌는가를! 웃긴다. 시종일관 인간 찬미다. 오직 내 자신만 의미 있고 그 외에는 무가치하다고 한다.

무슨 말인가? 나 자신에게만 집중하라는 것이다. 그러면 된다는 것이다. 그러니 오늘날과 같은 포스트모더니즘의 이기주의 사회에 그 책이 인기 있는 것이다. 왜? "네가 최고거든" 해 주기 때문이다. 내가 제일이야, 내가 최고야 할 수 있기 때문이다.

시편을 보라!

잠언과 전도서를 보라! 인간사 다 헛된 것이라 한다. 하나님만이 의미 있다고 한다. 해서 하나님을 떠난 삶은 무너지고 아무 쓸모없다고 한다. 죽으나 사나 하나님 붙들어야 산다고 한다. 그러면 된다고 한다.

무슨 말인가?

인본주의냐? 신본주의냐의 극명한 차이를 말하고 있다.

너, 하나님의 사람아!

허섭스레기 자기 개발서 내려놓고 당장 하나님의 말씀, 진리의 말씀, 생명의 말씀 붙들어라! 그래야 산다.

에머슨, 그는 마주 보아야 할 상대를 잘못 본 것이다. 인간을 본 것이다. 인간이 인간을 보니, 피조물이 피조물을 보니, 그러니 무너지고 깨지는 인간 찬미로 거기까지의 삶을 살다 갔다. 하지만 바울, 그는 하나님과 마주했다. 하나님을 본 것이다. 하나님 안에서 자신을 보니, 그러니 하나님 붙들지 않으면 안 되는 불꽃같은 삶을 살다 갔다.

에머슨은 꺼진 불이다. 그의 책에는 영영 생명이 없다. 바울은 꺼지지 않는 불이다. 그가 쓴 서신은 소망 주고, 생명 주고 주님 오실 때까지 영영 타오를 것이다.

잊지 마라! 무엇을 보느냐에 독수리가 닭 되고, 닭이 독수리 된다.

베드로는 주님만 보았을 때 물 위를 걸었지만 바람과 파도를 보았을 때 왕 창피 당했다.

우리는 오늘도 이 땅을 산다. 눈 돌려 볼 것이 수천수만 가지다. 하지만 온전한 삶을 살기 위해 딱 한 가지 봐야 한다. 무엇을? 오직 예수, 오직 하나님이다. 그래야 삶, 허섭스레기 아닌 풍성한 삶을 산다. 잊지 마라! 오늘도 오직 예수, 오직 하나님이다. 무엇을 볼 것인가? 그·게·문·제·다.

살고 죽는 문제는 중심축 문제다

세월호 평형수가 문제였다.

평형수가 뭔가? 중심 잡는 기능을 한다. 그것이 없어 넘어졌다.

컨테이너 선박, 컨테이너를 대충 싣고 다니지 않는다. 컨테이너 터미널 운영본부의 컴퓨터로 무게, 수량, 하적순서를 철저히 계산해 싣는다.

무슨 말인가? 무게 중심, 중심축을 계산한다는 것이다.

여호수아가 아간 문제로 하나님께서 진노하신 것도 모르고…, 아이성 올라가기 전에 다윗처럼 "하나님 전쟁하러 갈까요?" 물었더라면 여리고 승리의 그 기세로 아이성도 단번에 거침없이 무너뜨릴 수 있었겠다 했지만, 느닷없는 패배… 깜놀!

하나님 백성도 때론 죄 탓에 패배할 수 있다. 하지만 여호수아를 보라! 패배 이유를 백방으로 찾고 돌아다니지 않았다. 그냥 단박 엎드렸다.

무슨 말인가? 그의 무게 중심이 어디 있는지 말해준다. 넘어지더라도 돌아오는 복원력! 무게 중심, 중심축의 건재함이다.

어디 그뿐인가? 그의 흔들림 없는 무게 중심, 이스라엘 백성까지 잠잠하게 만들었다.

무슨 말인가?

설왕설래, 우왕좌왕, 웅성웅성.

"도대체 이게 무슨 일이얌! 인제 우린 어떻게 되는 거야? 오도 가도 못하고 여기서 끝나는 거야? 이것 하자고 지금껏 이 난리쳤나? 아이고~ 아이고~"

백성들 이렇게 반응할 만했다. 하지만 하나님 앞에 단박 엎드리는 여호수아의 균형의 힘, 흔들림 없는 중심 복원력이 그들을 잠잠케 만든 것이다.

대만 최고층 건물 '타이베이101'의 옥상에 거대한 추가 있다. 이 추는 건물이 기우는 반대편으로 기운다. 해서 건물 무너지지 않게 한다.

무슨 말인가? 무게 중심 원리를 말한다.

바울은 3차 여행 이후, 남은 여정이 순교의 길임을 안다. 하지만 거침 없이 그 길을 갔다. 삶의 중심축 무게 중심이 견고하게 하나님을 향해 있었기 때문에 가능했다.

"우리가 살아도 주를 위하여 살고 죽어도 주를 위하여 죽나니 그러므로 사나 죽으나 우리가 주의 것이로다" (롬14:8)

무슨 말인가? 살고 죽는 문제를 하나님께 두었다는 것이다.

중세의 루터가 사면초가에 빠졌다. 하지만 처음 붙들었던 말씀,

"복음에는 하나님의 의가 나타나서 믿음으로 믿음에 이르게 하나니 기록된 바 오직 의인은 믿음으로 말미암아 살리라 함과 같으니라" (롬1:17)

붙들었다. 두려움으로 중심 이동이 없었다. 견고하고 흔들림 없는 중심축의 모본을 보였다. 타협이 아니라 믿음으로 하나님께 둔 중심을 붙들고 마지막까지 역사를 이뤘다.

하나님의 사람들이여!
역사의 주인공이 되고 싶은가? 그러면 믿음의 무게 중심, 중심축이 흔들리지 않아야 된다. 그러면 된다. TV광고에도 있다. 흔들림 없는 시몬스 침대.
무슨 말인가? 한 쪽으로 기울지 않으니 명품이 되더라는 것이다.

잊지 마라! 살고 죽는 문제는 중심축의 문제다. 이것 붙들면 된다.
중심축! 균형!
이·것·말·이·다.

너, 큰 용사다

휠체어에 앉으신 아버지의 뒷모습,
쪼그라든 모습, 병들어 지친 모습, 모든 게 무너진 모습이셨다.

참 작았다. 작고도 작았다. 내 눈에 비친 아버지의 모습이셨다.

일순,

아버지가 크게 보이셨다. 육신은 쪼그라든 모습일지 모르나 그 속의 영은 영롱히 빛났다. 예수님 이름으로 기도하는 아비의 모습은 크고도 컸다. 강력했다. 그 누구도 함부로 할 수 없는 큰 용사였다. 하나님이 붙들고 계신 강력한 용사였다. 하나님 안에서 아버지의 모습이셨다.

겨자씨는 작다.

하지만 그 만한 믿음만 있으면 산을 옮긴다고 말씀하셨다.

무슨 말인가?

사람의 눈으론 보잘 것 없다. 하지만 하나님 안에서 겨자씨는 무엇보다 강력하게 쓰임 받을 수 있다는 것이다. 다시 말해 하나님 안에서의 광대함이다. 하나님 안에서의 큰 용사를 말함이다.

예수님의 여러 제자들은 어부였다.

주님을 만나 그분의 광대함을 바라보니 그들은 생계를 단박에 버렸다. 그들 뱃놈의 시선으로 자기 자신을 보았다면 여전히 뱃놈으로 살았을 터이다. 하지만 예수 안에서 자기 자신을 바라보니 새로운 삶으로 광대함으로 나오더라는 것이다.

충만함이 무엇인가?

컵에, 통에, 물탱크에 물이 가득 담긴 것을 말하는가? 아니다. 충만함은 컵이, 통이, 물탱크가 강물에 빠진 것이다. 바다에 빠진 상태를 말하는 것이다.

무슨 말인가? 아무리 약한 것이라도 하나님 안에서 바라보면 크다는 것이다. 하나님 안에서 바라보면 큰 용사라는 것이다.

그렇다.

모든 것은 하나님 안에서 의미 있는 것이다. 하나님 밖에선 그 어떤 것도 무의미하다는 것이다.

사랑하는 자들아!

큰 용사이고 싶은가? 그렇다면 이미 선포된 말씀 붙들면 된다. 기드온처럼 쪼그라들고 두렵고 떨려 묻고 또 시험했지만 끝끝내 말씀을 붙들면 된다. 그러면 하나님께서 선포한 능력의 이름이 이미 임한 것을 깨닫는다. 강력함의 권리를 누릴 수 있다는 것이다.

그렇다. 아무리 쪼그라들었더라도 하나님이 큰 용사라면 큰 용사인 것이다. 그야말로 세상이 감당할 수 없는 존재인 것이다. 할렐루야!!!

주님을 보라!

기억하는가? 2000년 전 유대 땅을 발칵 뒤집어 놓으셨던 것 말이다! 한 분이셨다. 오직 혼자셨다. 하지만 큰 용사였다. 강한 용사셨다. 그러니 유대 땅이 벌벌 떨었던 것이다.

다시 아버지를 본다. 역시 작았다. 하지만 아까의 작음이 아니었다. 그 속에 강력함 담은 옹골찬 작음이었다. 하나님의 큰 용사였다.

알았다.

하늘 백성이 바로 이런 거구나 하고.

하늘 백성들이여! 잊지 마라!

찌질한 기드온을 향해 큰 용사라고 부르셨던 그 부르심이 오늘도 우리를 향해 끊임없이 외쳐지고 있음을!

"너 큰 용사여!" (삿6:12)

요나는 저 큰 니느웨 성으로 가라는 사명 받은 자다.

무슨 말인가? 큰 니느웨 성을 감당할 수 있는 자라는 것이다.

우리는 주의 사명을 받은 자들이다. 사명(使命)은 작은 개념이 아니다. 생명을 건 일이 어찌 작겠는가! 그러니 큰일을 감당할 수 있는 사명자라는 거다. 넉넉히 감당할 수 있는 사명자라는 것이다.

그러니 포도주즙 틀에 숨지 말고 나오라! 그리고 큰 용사의 사명을 붙들어라! 사명을 받들어라! 넌, 절대 작지 않다. 넌, 큰 용사다. 알겠는가!

"큰 용사여!"

아버지 역시 큰 용사다. 하나님 안에서 얼마든지 큰 용사다.

"큰 용사여 일어나라! 그리고 주의 빛을 비추라"

한계는 있다. 인정하고 반응하는 삶을 살라

두 종류의 삶이 있다.

하나는 '아멘'하는 삶 즉, 낮아지는 삶. 해서 겸손하므로 소망 있는 삶이며, 그리고 또 다른 삶은 '노멘(?)'하는 삶. 즉, 교만하므로 무너지는 삶이다. 무슨 말인가? 반응이 좋은 사람과 그렇지 못한 사람이 있다는 것이다.

열왕기서의 솔로몬은 모든 것을 다 가진 자다. 하루 식사 때 들어가는 양을 보라!

"솔로몬의 하루 음식물은 가는 밀가루가 삼십 고르요, 굵은 밀가루가 육십 고르요, 살진 소가 열 마리요, 초장의 소가 스무 마리요, 양이 백 마리이며 그 외에 수사슴과 노루와 암사슴과 살진 새들이었더라" (왕상4:22–23)

물론 혼자 다 먹는 것은 아니다. 하지만 그만큼 솔로몬 주위에는 사람이 많고 뭐든 풍족하다는 것을 알 수 있다. 그런데 그에게 결정적 모자람이 있었다. 즉 세상 다 가진 자였지만 딱 한 가지 모자랐던 것이다. 그게 뭔가? 바로 레바논의 백향목이다. 성전 지을 나무가 없다는 것이다. 백향목은 솔로몬에게 결정적인 결핍이다. 한계다. 하지만 솔로몬은 다른 방법을 쓰지 않았다. 그냥 두로 왕 히람에게 손을 내밀었다.

"나무 좀 주소!"

한계를 인정했다. 해서 나무를 받아 성전을 잘 지었다. 하나님 영광됨의 삶을 이루었다.

복음서의 부자 청년, 그토록 지키기 어려운 율법, 인간으론 전례 없이 다 지켰다고 할 만큼 율법에 당당한 자였다. 하지만 주님은 그에게 결정적인 한계를 지적했다. 한데 지적 받은 청년,
"뭐라고 하는지 모르겠네!" 하며 떠나갔다.
무슨 말인가? 한계를 인정하지 않는 삶, 좋은 반응이 없는 삶, 재물과 함께 무너지는 삶의 길을 가더라는 거다.

왜 베드로 그에게 삶의 소망이 있는 줄 아는가? 주님을 세 번 부인할 만큼 찌질한 삶이었지만 언제나 엎드리는 삶이었기 때문이다. 처음 부르심에도 엎드리고, 마지막 부르심에도 엎드리고, 엎드리고…, 한계를 인정하는 삶, 해서 그의 삶은 소망 있었던 삶이었다.

아나니아와 삽비라 그리고 이스라엘 무너진 왕들의 삶의 공통점이 뭔가? 한계를 지적할 때 하나같이 머리를 빳빳이 들고 한계를 인정하지 않는 삶, 오히려 거짓과 독설로 일관한 삶이었다. 그러니 무너지고 깨지는 망한 삶이 된 것이다.

하나님 사람들이여!
우리는 한계 있는 삶을 산다. 인정하라! 그래야 소망이 있고 희망이 있다.

하나님이 우리를 그렇게 만드셨다. 왜? 결정적인 약함, 한계로 하나님 붙들라고!

배워라! 아이를 낳지 못해 대성통곡한 한나를 보며 깨닫기 바란다. 대성통곡! 무슨 말인가? 주위 모든 사람에게 "나, 아이 낳지 못하는 여자로서 몹쓸 인간이요!" 고백하는,

그 부끄러움을 만방에 선포하는 낯 뜨거운 일과 진배없다. 하지만 그러니 은혜 입더라는 것이다. 소망이 있더라는 것이다.

잊지 마라! 고개를 들면 영영 아이 못 낳는다. 희망 없는 삶이 된다. 울고불고 무너지고 깨진 삶이라 대성통곡, 주여! 주여! 하는 자에게 은혜 임한다는 사실을 절대 놓치지 마라.

메시지를 붙들어라! 우리는 그렇게 하도록 지음 받았다. 결정적인 것 없는 한계 있는 인생으로 지음 받아 울고불고 하도록 말이다.

잊지 마라! 그래야 엄마 젖 주듯, 하나님께서 우리에게 은혜 주신다. 알겠는가!

"나 다 가졌지만 나무 없소!"

이렇게 고백하라! 그러면 나무 생기고 하나님 영광 되는 성전 지을 수 있음을. 하나님 은혜 누릴 수 있음을.

능동적 삶의 함정

어제 가수 겸 연기자인 비가 15주년 기념 콘서트를 했다. 그의 15년 여정을 소개했다. 우여곡절이 많았던 시간들 속에 한 가지 놓치지 말아야할 깨달음을 붙들 수 있었다.

비가,

오디션 19번째 떨어지고 20번째 박진영의 제작자를 찾았다. 제작자인 박진영은 자신을 찾은 비의 면모는 뒤로하고 굶주린 사자와 같은 눈빛 때문에 비를 받아들였다고 했다.

눈빛,

무슨 말인가?

타는 목마름이었다. 생과 사의 기로에 선 갈망이었다. 박진영은 그런 그의 눈빛에 끌렸던 것이다. 그래서 오늘의 비가 존재하게 된 것이다.

하지만 그런 해피엔딩의 비가 탄생한 것은 다름 아닌 제작자의 선택 때문임을 잊지 말아야 한다. 그래서 비가 2004년 KBS 가요대상에서 대상을 받고 난 후 울며 이렇게 고백했다.

"3년 전 아무것도 아닌 나를 받아 준 박진영 형에게 감사드린다."라고.

무슨 말인가? 나의 나 된 것은 불러준 박진영이 있었기 때문이라는 것이다. 그가 아무리 이글거리는 눈빛을 가졌던들 그를 받아 주고 그를 불러 주지 않았다면 그는 그냥 20번째 또 떨어지는 수모를 당했을 것이다. 그리고 어쩌면 역사의 뒤안길로 영영….

하나님,

사람을 쓰실 때, 나대는 사람 안 쓰신다. 적당히 찌질한 사람을 쓴다. 어떻게 쓰시는가? 먼저 찾아가셔서 부르시고 일을 맡기신다. 성경에 나타난 하나님 일하심의 원리다.

구약의 사람들, 믿음의 조상 아브라함은 우상을 팔다가 부르심을 받았다. 모세 역시 노인으로 양칠 때 부르심 받았다. 기드온도 찌질하게 숨어 타작하다가 부르심 받았다. 다윗은 아들 숫자에도 들지 못할 만큼 존재감 없을 때 부르심 받았다.

신약의 사람들, 예수님의 제자들을 보라! 다 찌질했다. 그럴 때 부르심 받았다. 바울 역시, 육체의 가시로 병신이었을 때, 예수 핍박 반대의 삶을 살 때 부르심 받았다.

보라! 다들 먼저 나댄 사람 있는가? 구약의 사울조차 처음엔 겸손했다.

무슨 말인가?

하나님께서 먼저 찾아가시고, 그리고 그들 부르심의 은혜로 쓰임 받았다는 것이다. 즉, 그들의 능동 에너지가 아니라는 것이다. 하나님의 능동이라는 사실이라는 것이다. 하나님의 부르심이 먼저라는 것이다. 하나님의 부르심의 주권으로 인해 그들의 삶이 의미 있게 되었다는 것이다.

여호수아 3장,

가나안이 눈앞이다. 당장 요단강 건너 가야했다. 지긋지긋한 광야를 한 순간이라도 빨리 떠나고 싶었을 거였다. 하지만 하나님은 사흘을 기다리라고 했다. 거기다, 하루를 더 기다리라고 하셨다.

무슨 말인가?

넌 조연, 난 주연 그러니 내 말 따르라 하신 것이다. 나대지 말라 하신 것이다. 그래서 "성결하도록 하라! 뒤를 따르라! 그것도 멀리 떨어져 오라! 그리고 이 모든 역사를 내가 다 이룰 것이니, 그러니 넌 그냥 따라오기만 해!" 한 것이다.

하나님의 백성들이여!

능동이 주는 함정을 깨닫기 바란다. 능동, 적극이 무조건 오른 것이 아님을 알라! 성경을 들여다보라! 하나님을 앞선 자들의 말로가 어떠했는지를! 하나같이 무너지는 삶을 살다 갔다. 심지어 하나님 마음에 합한 다윗조차도 그동안 하나님을 철저히 붙든 삶을 살다, 하나님 때문에 커졌음을 순간 잊고 자의로 "나도 이 만큼" 하는 생각에 인구 조사했다가 결딴나고 말았다.

잊지 마라! 우린 조연이다. 엑스트라다. 그러니 주연에 따라 움직여야 한다. 즉, 하나님 먼저 그리고 그 다음이 우리라는 것이다. 먼저 움직였다간 죽는다는 사실을 알라!

기억하라! 나의 능동의 힘! 그것을 누르지 않으면 망한다. 능동의 힘은, 내 자유의지의 힘은, 언제나 말씀 뒤에 반응으로 나타나야하는 것임을 알라! 즉, 말씀에 순종하든 아님 불순종하든 그때 발휘되는 것이지 능동적, 적극적 삶을 산다며 하나님 말씀 앞서 나대지 말라! 무너지고 심히 깨지는 삶이 될 뿐이다.

능동, 안 된다. 수동이다. 하나님께 편승해 사는 삶을 살라! 그러면 쉽다. 괜히 되지도 않은 열심만 믿고 나대다 결딴난다.

안·된·다. 절대!!!

비는 박진영이 불러 주었기에 비가 된 것이다.

힘은 아무렇게나 쓰이지 않는다

2017년 12월 4일,

캐나다 캘거리에서 스피드스케이팅의 한 종목인 매스스타트에서 우리나라 선수가 1차전에선 1위를 했지만 3차전에선 13위를 했다. 400m 트랙을 16바퀴 도는 경기에서 힘 안배와 작전 실패로 순위권 밖으로 밀려나고 말았다. 즉 북미 선수와 유럽 선수에게 작전이 노출된 것이다.

무슨 말인가?

실력은 되지만 힘 안배와 작전이 들통 난 탓에 무너진 것이다.

힘 안배가 뭔가? 승리하기 위해 처음부터 마지막까지 최상의 컨디션을 유지하는 그런 일이다.

공을 못 차는 사람은 공만 쫓아 열심히 뛴다. 해서 전반 45분도 채우지 못하고 번아웃되고 만다. 하지만 잘 차는 사람은 공의 길목을 잘 잡은 탓에 체력 안배는 물론 골도 넣고 전후반 90분 다 뛴다.

체력 안배는 쉽지 않다. 민감하고 예민한 일이다. 그렇지 않으면 성과가 없다. 이번 매스스타트 경기도 그랬다. 후반에 집중하는 힘의 안배가 유용하지 않았다. 상대가 그것을 알고 미연에 차단했기 때문이다.

무슨 말인가?

힘의 안배를 예민하게 민감하게 그리고 유효적절하게 구사해야 성과가 좋다는 것이다. 나만 좋으면 되는 게 아니다. 경기는 혼자 하는 게 아니기에 상대의 움직임에 반응하며 거기에 따라 적절히 힘의 안배를 고려해야 한다는 것이다. 초반, 중반, 막바지 어느 시점에 힘을 실어 상대를 제압할 것인가가 승리의 관건이다.

하나님의 사람, 모세를 보라!

태어나자마자 위험하다고 멀리 도망 보내지 않았다. 위험했지만 오히려 바로의 아들로 들어갔다. 들어가 40년 리더십을 배웠다. 교육을 받았다. 이후 미디안으로 갔다. 펄펄 나는 40대지만 그러나 40년 더 힘 빼는 과정을 보냈다.

무슨 말인가?

하나님은 모세를 붙들고 쓰임 받을 수 있을 때까지 계신 것이다. 즉, 힘 안배의 시간을 가졌던 것이다. 그러니 이후 이스라엘 백성을 인도하는 지도자 뿐 아니라 오경을 기록하는 그런 능력자의 삶을 살았다.

다윗을 보라!

20세쯤 사울의 사위가 되고 10년간 쫓겨 살았다. 그동안 다윗은 무엇을 했는가? 시편을 보라! 우는 일이 태반이다. 그의 삶, 오직 하나님을 의지하는 삶을 배웠다. 그러니 성군되고 하나님 기쁨 되는 삶이 되었다.

무슨 말인가? 역시 인간적 힘을 빼는, 힘의 안배 과정을 가진 것이다.

사도 바울을 보라!

예수님을 만났다. 회심 했다. 그의 열정은 회심 전이나 후나 여전했다.

하지만 하나님은 그의 힘을 3년간 아라비아 사막에서 빼게 하고 거기다 그가 원한 바 가시를 절대 빼주지 않았다.

무슨 말인가? 사명, 인간적인 힘으로 하는 것이 아님을 알게 하셨다. 펄펄 나는 열정을 식히는, 힘의 안배 과정을 가진 것이다.

사랑하는 하나님의 백성들이여!

당장 뭐라도 할 수 있을 것 같은 힘이 있는가? 잊지 마라! 배추도 힘 빠져야 김치 된다. 한지의 글이 표구가 되려면 물을 먹고 쳐져 다시 마르는 과정을 거쳐야 한다.

힘은 아무렇게나 쓰임 받는 게 아니다. 다이아몬드도 원석 그대로 쓰지 못한다. 갈고 깎여 닳아야 한다. 그래야 보석되고 비로소 능력을 발휘한다. 그러니 너의 힘, 쓰임 받을 수 있게 해야 한다. 때에 따라 비축하는 시간, 때에 따라 빼는 시간과 같은 과정이 있어야 한다. 그래야 제대로 쓰임 받고 능력 발휘할 수 있다.

기억 하라! 힘 있다고 장작 단번에 패지 못함을! 힘의 균형 없인 도끼만 힘 든다. 너의 팔만 힘 든다. 안 된다. 쓰임 받고 싶으면 힘을 조절해야 한다. 그래야 한다. 제발 아무렇게나 나대는 그 힘 좀 빼라!

보는 것만큼 누린다

산속 자연인을 봤다.

그에게 산속 삶이 행복한지 물었다. '당연하다'고 했다. '모든 게 내 것이다'라고도 했다.

그 이유를 물었다. 눈에 보이는 모든 것, 즐기고 느끼기에 내 것이지 뭔가 했다.

무슨 말인가? 보고 누리는 자의 특권을 앎이다.

한비야 씨의 『지구 밖으로 행군하라』는 책이 있다. 무슨 말인가? 지구가 좁다는 것이다. 지구 구석구석 가보지 않은 곳이 없어 인제 더 가볼 곳이 없으니 당연하다.

아브라함은 갈 바를 알지 못하고 집을 나섰다. 왜? 믿음의 눈이 컸기 때문이다. 멀리 내다본 것이다. 어디 그뿐인가! 조카 롯에게 네가 좌하면 내가 우하고 네가 우하면 내가 좌할게 했다. 조카에게 먼저 선택권을 주었다. 크고 작고, 좋고 나쁨 그것 하나님 손에 있음을 알아 그랬다. 믿음의 눈이 컸기 때문이다. 그러니 하나님께서 응답하지 않을 수 없었다. 동서남북을 보라! 다 네 것이라 하셨다. 믿음의 눈이 더 커지고 커지는 복이다. 내다보는 눈의 승리다.

성경의 예언자들은 언제나 미래를 내다보고 말한다. 그러나 멀리 내다볼 줄 모르는 인간은 언제나 긴가민가 한다. 해서 믿음 없음에 하루하루의 삶이 힘들다.

콜롬버스의 신대륙 발견, 무엇인가? 믿음의 눈이다. 멀리 더 멀리 내다보는 눈이 있었기 때문이다.

닭과 독수리 비교를 많이 한다. 무슨 말인가? 닭은 땅만 본다. 그러니 땅이 전부인줄 알고 땅에만 머문다. 하지만 독수리는 창공, 하늘을 본다. 멀리 더 멀리 본다. 그러니 우주의 광활함을 알고 언제나 창공을 휘젓는다.

하나님의 백성들이여!
지금 너, 시선을 어디에 두고 사는가? 땅인가? 아니면 하늘인가? 잊지 마라! 멀리 보면 보는 만큼 너의 삶이 커짐을! 너의 수준이 높아짐을!
기억하라! 땅만 보고 바로 앞만 보면 닭 됨을! 찌질한 삶 됨을! 그것밖에 안 됨을!
자연인을 보라! 모든 게 자기 것이라 했다. 맞다. 눈에 들어오는 모든 것을 누리고 살기 때문이다. 부럽지 않은가! 그러니 눈을 들어라! 그리고 하늘을 쳐다보라! 그러면 너도 비상할 수 있다. 제발 고개 들어 하늘을 보라! 보는 것만큼 누림을 알라!

좋은 만남은 강력한 힘이 된다

『님아 그 강을 건너지 마오』는 2014년도 개봉된 다큐 영화다.

그야말로 좋은 만남의 메시지가 복음과도 같았다. 89세 아내와 98세 남편은 그렇게 76년의 세월을 연인으로 살았다. "어떻게 가능할까?"라는 질문은 한 장면에서 단박 해소 되었다. 아내가 남편을 지그시 바라보는 눈길이 그 해답이었다.

지그시 바라보는 눈길 그것은 긍휼이었다.

긍휼이 뭔가? 불쌍히 여기는 마음이다. 민망히 여기는 마음이다. 사랑을 근본으로 하는 마음이다. 무엇이든 감싸 안을 광대한 포용력이다. 무슨 말인가? 좋은 만남에서 볼 수 있는 강력한 힘을 말한다.

1950년대 대한민국은 전쟁의 폐허로 암울한 시대였다. 하지만 3명의 영웅을 만남으로 대한민국은 지금 모습의 기틀을 세웠다. 무슨 말인가? 대한민국은 박정희, 정주영, 이병철이라는 셋을 만났고, 박정희는 이 둘을 만났고, 이 둘은 난세를 만났던 것이다. 좋은 만남의 강력함을 느낄수 있다.

아브라함은 아버지를 따라 우상을 팔던 사람이다. 하지만 하나님을 만나 믿음의 조상이 되었다.

야곱은 속이는 자, 뒤에 있는 자, 밀어젖히는 자였다. 하지만 하나님을 만나 12지파의 근원, 창세기의 주인공이 되었다.

다윗은 존재감 없었던 아들이다. 하지만 하나님을 만나 현재까지 칭송받는 왕이 되었다.

포로 귀환 후, 영적 기근의 이스라엘 백성, 수문 앞 광장에서 에스라가 선포한 말씀에 모두가 울고불고…. 하나님 말씀을 만나 다시금 여호와 신앙을 붙들었다. 메시아 신앙을 붙든 거다.

예수님의 제자들, 하나같이 사모할만한 모습이 없는 자들이다. 하지만 주님을 만난 천국에서 길이 빛날 순교자가 되었다.

바울은 살인자였다. 하지만 하나님을 만나 그 역시 순교자가 되었다.

사도행전 3장의 나면서부터 앉은뱅이 거지는 베드로, 요한이 전한 예수 그리스도를 만나 자리에서 벌떡! 걷기도 하고 뛰기도 하며 성전에 출입하며 하나님을 찬양하기도 했다.

이 모두 무슨 말인가? 만남의 복, 좋은 만남이 주는 강력한 힘의 능력을 말한다.

하늘 백성이여!

당신은 지금 어떤 만남으로 사는가? 그 나무는 그 과실을 보고 안다고 했다. 당신이 만나는 그 관계로 과실, 좋은 열매 없다면 당장 그만 둬라! 아파도 끊어라! 싹뚝 잘라라! 그래야 된다.

잊지 말라! 좋은 만남은 삶의 강력한 힘이 되고 하나님 영광됨의 삶을 살 수 있게 함을! 시간이 없다. 세월은 빠르다. 지체하지 마라! 그리고 결단하라!

기억하라! 좋은 만남은 강력한 힘이 된다. 76년뿐 아니라 100년도 행복하게 살 수 있다. 그뿐 아니다. 우리는 하나님의 사랑하심, 긍휼하심으로 하나님을 만났고 하나님께 붙들림을 받았다. 우리는 천년만년 살 것이다. 할렐루야!

가슴에 무엇을 가지고 있나?

이런 말이 있다.

목적 그 사람을 견인한다. 다시 말해 목적은 그 사람을 그 방향으로 이끈다는 것이다. 당신은 목적이 있는가? 그래서 목적이 당신을 견인하고 있는가? 아니면 그야말로 구천(?)을 떠도는 길 잃은 귀신인 양 헤매고 사는가?

목적이 무엇인가? 그 사람이 가진 알맹이다. 그 사람의 핵심이다. 그래서 알맹이, 핵심이 분명한 사람은 언제나 기운차고 활력이 넘친다. 해서 능력 있는 삶으로 많은 사람에게 도전한다. 많은 사람의 중심, 세상의 중심이 되어 영향력을 행사한다. 그 사람은 귀하다. 그러기에 성경에도 쭉정이는 모아 태운다고 했다. 왜? 쓸모없기 때문이다. 1달란트 받은 종처럼 말이다.

잊지 마라! 쓸모없고 능력 없는 삶, 목적 없는 알맹이 없는 삶, 다시 말해 게으른 삶은 죄다. 목적 없는 삶, 결국 심판 받는다.

무슨 말인가? 그 사람에게 생명력이신 하나님 있고 없고를 하나님께서 묻는다는 것이다. 그렇다. 생명력이 뭔가? 사람을 세운다. 사람을 살린다.

그래서 하나님은 "너! 사람을 살리는가?"를 물으신다는 것이다.

하나님의 사람들이여!

너의 가슴에 무엇이 있는가? 살리는 생명력이 있는가? 아니면 너까지 생명 없는가?

사도행전 3장을 보라!

베드로와 요한은 나면서부터 앉은뱅이를 고쳤다. 무엇으로 고쳤나? 은과 금이 아니었다. 단지 예수 그리스도의 이름만으로 고쳤다. 예수 그리스도의 이름만으로 살렸다. 예수 그리스도의 이름만으로 예배의 사람 되게 했다. 예수 그리스도의 이름만으로 영생하는 삶을 품게 했다. 예수 그리스도의 이름만으로 그를 생명 되게 했다.

무슨 말인가? 베드로와 요한, 그들이 전한 예수 그리스도는 생명이라는 것이다. 그들 가슴에 예수라는 생명력이 있었다는 것이다.

다시,

하나님의 사람들이여!

너의 가슴 속에 무엇이 있는가? 죽어 냄새나는 그래서 흐르는 물에 떠내려가는 죽은 물고기마냥 능력 없음인가? 아니면, 물을 거슬러 오르는 연어와 같은 생명의 펄떡임인가?

바란다! 생명력으로 사람을 살려라! 생명력으로 또 다른 생명을 품어라! 생명력으로 죽은 영혼을 살려내라!

보라! 저 예수의 이름을! 베드로와 요한이 가진 생명력의 이름을! 가슴 벅차지 아니한가!

행하라!

가슴 속, 예수 그리스도가 아닌 모든 것을 치워라!

말끔히 비우고 치워라!

냄새나고 부패한 모든 것을 깨끗이 치워라!

그리고 채워라!

생명을 채워라!

예수 그리스도를 채워라!

가득 가득 채워 흘러넘치게 하라!

해서 예수 그리스도의 이름이, 그 생명이, 너와 나를 이끌도록 하라!

우리를 견인하도록 하라!

잊지 마라! 동력 있는 기관차가 객차를 견인한다. 생명력 있는 목적이 나를 견인한다. 예수 그리스도가 나를 견인하고 또 견인한다.

3장 바른 원리를 붙들어라

너! 견인되는 삶인가? 아니면 혼자 파닥거리는 삶인가? 그러면 너 가슴 속에 생명이 없다. 예수 그리스도가 없다. 두렵고 무서운 이야기다.

너, 가슴에 무엇이 있는가?

⋘⋙

기다림이란 이런 것이다

안 되는 사람이 있다.

이유가 무엇인가? 여럿 있겠다. 하지만 기다리지 못하는 이유가 단연 으뜸일 게다. 기다림 다른 말로 하자면 인내다. 인내가 뭔가? 환난을 전제한다. 연단을 동반한다. 그리고 소망을 누리게 한다.

인내,

무슨 말인가? 삶이 되는 공식이란 것이다. 기다림이 그런 것이다.

요즘 남녀 간의 사랑이 인내, 기다림과 같은 단어를 생각나게 하는가? 아니다. 단지 바쁘고 급하고 일회성이다. 그러니 미래가 없고 안 되는 것이다.

한 알의 씨앗이 땅을 품어야 하는데 그런 게 없다. 당장 내 놓아라 한다. 우물에서 숭늉 달라한다. 웃기다.

콩나물처럼 물만 부으면 되는 줄 안다. 하기사 콩나물도 온도 맞추고 부지런히 물 부어야 자란다. 그냥 자라는 게 아니다. 이렇듯 쉬운 게 없다. 어릴 적 일이 생각난다. 콩나물시루에 때에 맞게 물 붓지 않아 할머니에게 혼났던 기억.

사랑하는 자들아!

기다림이 무엇인지 아는가? 성경 마14장 오병이어의 사건을 기억하는가? 성경 마15장 칠병이어의 사건을 기억하는가? 아마 워낙 유명한 사건이라 알 것이다. 한데 두 사건의 시간차가 얼마인지 아는가? 불과 며칠이다. 아니 다 양보해도 3년이다.

어마어마한 사건, 장정만 계수했으니 아마 2만은 족히 넘을 숫자다. 첫 번째 오천 명 먹인 사건도 어마어마… 두 번째 사천 명 먹인 사건도 어마어마… 한데, 제자들은 오병이어의 기적은 깡그리 잊고 첫 번째 반응했던 대로 그대로 반응한다.

"광야에 있어 우리가 어디서 이런 무리의 배부를 만큼 떡을 얻으리까?"

(마15:33)

무슨 말인가? 14장의 오병이어 기적을 깡그리 잊었다는 것이다. 말이되는가! 이게! 이런 못난(?) 것들 같으니라구!

사랑하는 자들아!

기다림이 무엇인줄 아는가? 그들의 믿음 없는 대답을 들으시고 예수님의 반응을 보라! 그들을 전혀 질책하지 않으신다. 그들을 전혀 부끄럽게 하지 않으신다. 이전의 오병이어 사건을 전혀 언급하지 않으신다. 어

느 한 곳도 그런 뉘앙스 풍기는 예수님의 반응이 없다. 그러면서 예수님도 처음인양 모르는 듯 똑같이,

"너희에게 떡이 몇 개 있느냐?" (마15:34) 하신다. 이게 기다림이다.

사랑하는 자들아!
기다림이 무엇인줄 아는가? 그냥 믿고 신뢰하는 것이다. 초라하고 볼품없어도, 그야말로 믿을 구석 조금도 없어도, 그냥 그렇게 가만있는 것이다. 그리고 지지해 주는 것이다.
하기야 그러니 우리가 지금 이렇게 살지! 지옥에 던져졌어도 수천 번 던져졌을 테니까!

사랑하는 자들아!
기다림이 뭔지 아는가? 조지 뮬러 목사는 친구를 위해 52년을 기도했다. 하지만 4명은 돌아왔지만 1명을 끝내 돌아오지 않았다. 한데, 죽고난 후 1명이 결국 돌아왔다. 이게 기다림이다.

돌아온 탕자의 아버지, 그와 같은 삶이 기다림이다. 노심초사 눈물로 밥을 삼으며 가슴에 못 박고 멀리 떠난 망나니 같은 아들, 그럼에도 언젠가 올 줄 믿고 기다림으로 아들을 다시 얻었다. 애간장 다 타들어갔어도, 부끄러운 질책과 같은 어떤 상처의 말 하지 않았다. 이게 기다림이다.

사랑하는 자들아!

기다림은 인내다. 그것 없이 누리려 하지 마라! 그것은 도둑이며 강도다. 잊지 마라!

열매를 얻으려면 씨앗을 먼저 땅에 뿌려라! 그리고 가을을 기다려라! 그러면 된다.

인제, 기다림이 무엇인줄 알겠는가? 그러면 기다려라! 뭐든! 믿고서! 가만히!

"환난은 인내를 인내는 연단을 연단은 소망을 이루는 줄 앎이로다." (롬 5:3,4)

광야, 나를 깨는 곳이다. 복이 되는 곳이다

야곱은 형, 에서를 피해 도망가던 중 하나님을 만났던 곳을 벧엘이라 했다.

이후 세겜 땅에서 딸 디나가 강간을 당하고 이 일로 아들들이 그곳 사람을 죽이고 부랴부랴 도망가듯 다시 옛 벧엘로 가자고 했다. 그러면서 3가지 버릴 것을 주문했다.

첫째, 모든 신상을 버려라! 둘째, 자신을 정결케 하라! 셋째, 옷을 바꿔 입으라! 그리고 단을 쌓고 그곳을 엘벧엘이라고 불렀다. 단순한 하나님의 집이 아니라 신앙 고백이 절절히 묻어나는 엘벧엘 즉, 벧엘의 전능하신 하나님이라고 한 것이다.

무슨 말인가?

야곱은 거기 세겜에 있으면 안 되는 사람이었다. 벧엘로 올라가야 했던 사람이었다. 그러기 위해선 먼저 3가지를 버려야 했다. 그래야 벧엘의 하나님을 다시 만날 수 있기 때문이었다. 3가지를 버리지 않는 이상 벧엘에 올라 갈 수도, 하나님 만날 수도 없었다.

예수님의 제자들,

예수님의 제자가 되기 위해 무엇을 했나? '버려두고' 해야 했다. 그물을, 세금 계산서를, 칼을 든 열심당의 열심을 다 버리고 내려놓아야 했다.

승승장구했던 사울, 사울이 바울 되기 위해 하나님을 만나 눈이 멀고 3년간 철저히 사울이라는 기름을 광야에서 빼야했다.

이 모두 무슨 말인가? 기존의 내 것을 버리지 않으면, 그래서 광야와 같은 곳으로 나아가지 않으면, 다른 세계가 없다는 것이다.

광야가 어디인가? 믿음 넓히는 곳이다. 믿음이 광대해 지는 곳이다. 하나님은 이스라엘 백성들을 애먹이려 그들을 광야로 내몰지 않으셨다. 애굽의 불 아궁이 앞에 앉아 거기서 떨어지는 고기 부스러기 먹는 것에서 차원이 다른 삶을 보여 주시기 위해 그들을 광야로 내몰았던 것이다. 차원이 다른 신앙을 위해서! 엘벧엘의 하나님을 찬양할 수 있는 자들로 만들기 위해서!

무슨 말인가? 광야를 거쳐 광대한 믿음의 소유자 되고, 차원이 다른 삶을 살기 위해서는 먼저 내 것을 버려야 한다는 것이다. 기존의 것을 내려놓아야 한다는 것이다. 그래야 우물 안 개구리가 안 된다는 것이다.

일본 스피드스케이팅 에이스 고다이라 나오, 그녀는 남이 은퇴하는 나이인 31세인 현재 승승장구한다. 내년 29세 되는 이상화 선수는 이미 은퇴선언을 했다. 그런 면에서 고다이라 나오 선수는 남다르다. 그녀는 17~18시즌 4차 스피드스케이팅 월드컵대회에서 1,000m 세계 기록을 세웠다. 500m에서는 15연승을 달리고 있다. 그런 그녀가 있기까지 남다른 혹독함이 있었다. 기존 일본 선수들의 패턴을 과감히 버려야 했다.

그녀는 2014년 소치에서 500m 5위 후, 자비로 네덜란드로 가서 마리안네 팀머 코치의 지도를 받았다. 일본 선수들의 특징인 부드럽게 타는 것을 버리고 "성난 고양이 같이 과감하고 힘차게 킥을 하라!"는 주문을 받아들였다. 그리고 "상대의 숨통을 끊는다는 각오로 하라!"는 결연함도 배웠다.

무슨 말인가? 기존의 것을 버리니까, 차원 높은 선수, 차원이 다른 실력이 나오더라는 것이다. 우물 안의 개구리가 아니라 세계를 평정하는 사자가 되더라는 것이다. 기존의 것, 내 것을 포기하고 죽음과 같은 광야에 들어가니 용이 되더라는 것이다.

하나님의 백성들이여!
하나님의 광대하심을 경험하고 싶은가? 그러면 버려라! 기존의 것을 버려라! 그래야 벤엘이 아니라 엘벤엘의 하나님을 만난다. 찌질하게 아궁이 앞에 앉아 부스러기에 목숨 걸지 말고 광대함이 기다리는 광야로 나가라! 그래야 커지고 광대해진다. 역사의 주인공이 된다. 하나님의 영광됨의 삶 된다.

잊지 마라! 아궁이 앞에 앉아 있으면 절대 사자 안 된다. 개구리밖에 안 된다. 오늘도 개구리로 살 것인가? 아님 사자, 용으로 살 것인가? 결단하라!

광야, 나를 깨는 곳이며 그리고 복이 되는 곳이다.

～⁂～

안식과 쉼이 주는 은혜

쉼은 단순히 원기회복 차원의 멈춤이 아니다.

쉼의 히브리어는 '누아흐'이다. 즉 '조용하다'이다. 다시 말해 조용한 것 무엇을 뜻하나? 묵상이다. 그렇다. 묵상, 하나님의 능력을 채운다는 말이다. 하나님의 것으로 내가 충만히 채워진다는 말이다.

안식,

역시 단순히 일 하지 않는 차원이 아니다. 안식의 히브리어는 '샤바트'이다. 이 '샤바트'는 '슈브-돌아가다'와 '타브-십자가(언약)'라는 두 단어의 합성어이다. 즉, 안식이라는 뜻은 궁극적으로 십자가(언약)로 돌아갈 때 진정한 안식이 주어진다는 뜻이다.

물, 샘, 히브리어는 '메누하'이다. 이것은 휴식의 뜻이 있지만 안락한 가정을 뜻하기도 한다.

즉, 물과 샘이 무엇인가? 생명의 근원이다. 다시 말해 그런 근원은 가정에 있다는 것이다. 생명의 근원은 하나님이 계시는 가정이라는 것이다.

하나님을 떠난 우리, 영영한 지옥 형벌 받을 수밖에 없는 그런 우리에게 하나님은 기어이 십자가를 주셨다. 새로운 삶을 주셨다. 영원한 천국을 주셨다. 하지만 우리는 여전히 하나님을 떠나 있기 좋아한다. 여전히 하나님을 잊고 산다. 여전히 하나님을 놓고 산다. 여전히 하나님 아닌 내가 주인 되어 산다. 여전히 내가 주인 됨으로 만족하며 산다. 여전히 형벌의 자식처럼 그렇게 산다. 여전히 은혜를 모른 채 무지하게 산다. 아! 사람아! 무지몽매! 하늘의 비는 정녕 하나님의 눈물이리라!

하늘 백성들이여!

쉼과 안식 없음에 피곤한가? 그러면 잊지 마라! 가만히 있지 못하는 삶이다. 십자가 떠난 삶이다. 가정 떠난 삶이다. 그러니 다른 것에 기웃거리지 말고 조용히 하나님 말씀으로 나를 채워라! 빨리 십자가로 돌아가라! 빨리 가정으로 돌아가라! 그게 살 길이다.

기억 하라! 안식, 십자가로 돌아가는 일임을! 하나님 것으로 나를 충만히 채우는 일임을! 가정으로 돌아가는 일임을!

가치를 어디에 두고 살 것인가 (2)

세상은 가치가 눈에 보이는 것이어야만 인정해 준다. 해서 지표로 나타내 평가한다. 평가는 냉혹하다. 어떨 땐 준엄하기까지 하다.

우리는 불행하게도 그러한 평가에 물들어 산다. 그 기준에 맞춰 때론 사활을 걸고 살아간다. 그야말로 그것이 아니면 죽는 것처럼 말이다.

가치, 무엇일까? 단지 지표만이 그것을 증명해 주는 것일까? 그렇다. 세상은 그렇게 이야기 한다. 오직 데이터만이 증명할 수 있다고. 하지만 성경은 어떻게 말하고 있는가? 눈에 보이는 가치가 가치의 전부가 아님을 말하고 있다.

믿음의 조상 아브라함은 아버지를 따라 우상을 팔던 사람이라고 말했다.

아들 이삭은 어떤가? 아버지와 같이 아내를 누이라고 하고, 자신의 우물을 빼앗겨도 그냥 가만히 있고, 말년에는 아들도 구별할 줄 몰라 그 난리를 쳤던 유약한 자였다. 창세기의 주인공인 야곱은 속이는 자라고 했다. 삶 마지막까지 벌벌 떨며 살았던 자이다. 요셉은 또 어떤가? 형들에게 자신을 자랑하다 그 꼴을 당한 것이다. 하지만 이들 모두 하나님을 끝까지 붙들고 있었기에 믿음의 선진들이 된 것이다. 하나님 역시 이들을 붙들고 계셨기에 이들이 귀한 자로 불리어지는 것이다.

무슨 말인가? 이들이 대단한 가치를 가진 자들이 아니라는 것이다. 하나같이 약한 자들이었다는 것이다.

구약의 예언자들을 보라!

온갖 직업을 가진, 세상으로 말하면 존재감 없는 그런 자들이 태반이었다.

심지어 예수님의 족보를 보라!

부끄럽기 짝이 없는 사람들이 거기에 있다.

예수님의 제자들을 보라!

흠모할 그들의 모습은 어디 있는가? 없다.

바울을 보라!

하나님께서 그의 가치를 온전한 육체에 두셨다면 하나님은 틀림없이 그를 고쳐주셨을 것이다. 하지만 약한 그대로 사용하셨다.

무슨 말인가? 가치는 세상 기준의 가치가 아니라는 것이다. 성경은 세상 가치 그 너머에 있는 가치를 추구한다는 것이다.

2017년 12월 11일,

미국 텍사스 댈러스에서 열린 '2017 BMW 댈러스 마라톤'의 이야기다. 1등을 하던 챈들러 셀프(32세)가 결승점 183m를 앞두고 쓰러졌다. 이때 2등을 달리던 아리아나루터먼(17)이 그를 붙들고 끝까지 뛰었다. 그리고 챈들리 셀프를 1등으로 골인시켰다.

무슨 말인가? 루터먼이 가진 육상의 가치, 경기의 가치는 1등 하는데 있었던 것이 아니다. 경기를 통해 화합을 추구하는, 하나 됨을 추구하는 가치를 지녔던 것이다. 루터먼은 세상을 향해 세속의 가치에 거침없는 하이킥을 날린 것이다.

사랑하는 하늘 백성이여!

오늘도 우린 이 땅을 산다. 해서 가치를 어디에 두고 살 것인지 분명하지 않으면 세상풍조 따라 살 수밖에 없다. 결국 나의 정체성도 잊고, 하나님도 잊고, 죽은 물고기마냥 호수를, 강을 둥둥 떠다니는 그런 몰골이 되기 십상이다. 단단히 하라!

잊지 마라! 성경이 말하는 가치, 하나님이 원하시는 가치는 세상 가치 그 너머에 있다. 차원이 다른 가치 말이다. 거기에 분명 다른 가치가 있다. 그것을 볼 수 있어야 한다.

"평안을 너희에게 끼치노니 곧 나의 평안을 너희에게 주노라 내가 너희에게 주는 것은 세상이 주는 것과 같지 아니하니라 너희는 마음에 근심하지도 말고 두려워하지도 말라" (요14:27)

정답을 확인하는 삶

수학 문제집이 있다.

문제집 뒤쪽에 정답이 있다. 그렇다고 책 속 수많은 문제들, 그 문제를 내가 푼 것이 아니다. 그 문제를 내가 아는 것이 아니다. 문제는 내가 직접 풀어 봐야 한다. 그래야 비로소 그 문제를 내가 정복한 것이고 비로소 그 문제를 아는 것이다.

무슨 말인가? 정답지가 있다고 그 문제를 아는 것이 아니라는 것이다.

설교를 듣는다.

무슨 말인가? 하나님의 말씀으로 삶의 문제를 어떻게 푸는지 듣는 시간이다. 다시 말해, 삶의 문제에 대한 정답을 들은 것이다. 하지만 정답을 들었다고 삶의 문제를 푼 것은 아니다. 정답을 향해 그대로 살아보지 않으면, 삶을 살아보지 않으면 절대 삶을 정복한 것이 아니다. 정답을 아는 것이 아니다. 성경대로 산 것이 아니다.

그렇다.

예수님, 하나님이 정답이지만 정답일 뿐이다. 삶으로 살아내지 않으면 예수 이름으로, 하나님 이름으로 삶을 살아내지 않으면 정답은 내게 아무 소용없다. 성경은 아무 소용없다는 거다.

예수님께서 나사로를 살리실 때 무덤 앞에 놓인 돌을 치우라 하셨다.

왜? 예수님께서 돌 옮기는 것이 힘들어서 그런가? 아니다. 죽은 자 살리는 것이 더 어렵다. 해서 돌 하나 옮기는 일은 누워서 떡 먹기다.

무슨 말인가? 그들 믿음으로 나아가 말씀에 순종하는 일을 하게 하신 것이다. 다시 말해 나사로가 살 것을 믿고 순종하는 문제를 풀어야 했다.

하늘의 백성들이여!

오늘도 하루가 주어졌다. 많은 삶의 문제가 주어졌다. 하지만 머릿속 관념의 예수, 하나님 이름의 정답만으론 내 문제를 해결 못한다. 단지 정답만으론 해결할 수 없다는 것이다. 정답을 향해 나아가는 문제 풀이, 순종만이 비로소 문제를 정복할 수 있다. 삶의 문제를 풀 수 있다.

하나님은 우리를 가끔 벽 앞에 세우신다. 왜? 문제 풀라고! 더 강력한 인생 되라고!

잊지 마라! 정답지 가지고 떠들지 말고 정답이 정답인지, 그 정답의 문제를 붙들고 그것을 풀어내라! 그리고 증명하라! 그래야 능력자가 되고 그래야 나중에 어떤 문제라도 거든히 풀 수 있는 더한 능력자가 된다.

오늘도 하나님 주신 문제를 붙들고 열심히 풀어라! 그리고 정답과 만났을 때 "딸아! 아들아! 문제 풀었구나." 말씀하시고 웃으시는 하나님을 만나라!

오늘도 정답을 확인하는 삶, 파이팅!!

하나님을 떠난 삶은 어떠한가?

전도하면 꼭 이런 사람이 있다.

성경만이 진리인가? 꼭 그것을 지켜야 구원 받는가? 진실하게, 선하게, 구제하며 살면 되지 않느냐며 얼굴을 붉힌다.

무슨 말인가? 윤리적인 말이다. 그렇다. 윤리적으로 진실하게, 선하게, 구제하며 사는 삶보다 더 뛰어난 삶은 없다. 그래서인지 믿음 없는 사람들은 진실, 선, 구제를 최고의 덕으로 삼고 거기에 올인하려는 것이리라! 물론 전혀 도달할 수 없는 덕목임에도 말이다.

그것 아는가? 성경은 그것을 지지하지 않는다. 그런 삶을 살라고 하지 않는다. 그것은 부수적으로 따라오는 삶의 일부분이라고 한다. 성경은 말씀한다. 하나님의 법 따라 살라고! 하나님의 법이 무엇인가? 먼저는 십계명이다. 그리고 성경 속 명령들이다. 윤리가 권고 사항이라면 말씀은 명령이다.

하나님은 하나님의 사람들이 명령대로 살 것을 말씀한다. 타협은 없다. 그냥 말씀을 따라 오기만 원하신다. 왜 그런가? 그래야 살고 죽지 않기 때문이다. 산다는 의미가 뭔가? 천국 백성이라는 것이다. 죽는다는 의미가 뭔가? 지옥 백성이라는 것이다. 그러기에 처음부터 절박하게 명령으로 말씀 주신 것이다.

말씀 없이, 명령 없이 그야말로 윤리를 붙들고 잘 살 거라고? 웃기다. 하나님 말씀 없는 350년 사사시대를 보라! 자기의 소신대로 산 결과가 어떤지 적나라하게 보여 준다.

"그때에는 이스라엘에 왕이 없었으므로 사람마다 자기 소견에 옳은 대로 행하였더라"(삿17:6)

그 결과가 어떤가? 개인적으로는 죄→고통→간구→은혜→나태, 국가 민족적으로는 죄→노예→간구→구원→망각과 같은 사이클이 사사시대 의 삶이다.

자기 소신? 사사기의 대표적인 범죄가 뭔가? 미가의 신상사건 즉, 종 교적 혼란이다. 거기다 레위의 첩 사건 즉, 사회적인 혼란이 대표적 범죄 행위였다. 무슨 말인가? 소신의 삶이 철저히 하나님을 배반한 삶이었다 는 것이다. 잘 살아보려고 했지만, 그게 하나님 원하는 일이라 생각했지 만, 제사장의 타락까지 결국 하나님의 진노를 사는 일밖엔 아니라는 것 이다.

사랑하는 자들이여!
말씀 묵상하고 사는가? 그래서 말씀대로 사는가? 아니면 귀찮아 말씀 없이 나의 개똥철학 붙들고 그냥저냥 그렇게 사는가? 모두 다 망조다. 무너짐이다. 안 된다. 귀찮아도, 듣기 싫어도, 앉아 읽기 좀이 쑤셔도, 그래도 읽어라. 그리고 그대로 살려고 발버둥 쳐라! 그래야 살고 죽지 않는다.

잊지 마라!

하나님 말씀 떠난 삶은 아무리 잘 살아도 지옥 백성됨을! 해서 죽으나 사나 말씀! 말씀! 말씀 붙들고 미친 듯이 살아야 하는 것이다. 그래야 나중에 우리 천국에서 볼 수 있다.

제발! 내 옳은 대로 살지 말고 하나님 말씀대로 살아라!

내 힘은 상처만 낼 뿐이다

근자에 우리 교회에서 많은 행사가 있었다. 그리고 또 두어 번 남았다. 해서인지 교인들 마음에 교회가 재정적으로 힘들지 않을까 하는 마음이 있는 듯하다.

사실 맞다. 재정적인 여력이 힘겹다. 해서 교인들의 염려는 한 가족임을 깨닫게 한다. 한데 양 떼를 치는 목자로서 한 가족이라는 생각에 두서없이 쏟아내는 교우들의 격려 아닌 격려(?)를 마냥 두고만 볼 일이 아니어서 여간 힘들지 않다. 왜 힘겨울까? 자칫 그들이 받을 상처 때문이다.

훈계한답시고 들이댄 믿음의 법과 교회법, 그리고 목사 권위에 관한 이야기로 그들이 상처를 받는다면, 그렇다하더라도 양떼를 바르게 쳐야 하는 책무가 있는 목자로서 그냥 두고만 볼 사안도 아니고, 딜레마다.

물론 성경적 바탕 위에 세워진 교회법과 믿음의 권면을 제시하는 건 힘들지 않다. 하지만 두려운 건 그것을 제시하는 목자, 목사인 나 스스로가 두렵기 때문이다. 왜? 아무리 생각해도 번들거리는, 희번덕거리는 정제되지 않은 말이 불쑥불쑥 튀어나올 것 같기 때문이다.

해서 요즘은 모세를 광야로 내몬 하나님의 의도를 뼈저리게 느낀다. 말이 쉬워 그렇지 혈기왕성한 나이, 뭐든 거뜬히 이루어낼 수 있는 그런 나이의 모세는 날마다 넘쳐나는 젊은 혈기의 힘이 사장되는 것에 얼마나 힘겨웠을까? 날마다 폐인 되어 가는 자신의 모습에 모세는 얼마나 절망했을까? 그럼에도 하나님은 묵묵부답으로 그를 찾지 않으셨다. 왜? 인간적인 힘을 몽땅 빼시려고. 너무도 잔인하리만치!

그리고 보면 나는 참 많이 멀고도 멀었다는 생각이 든다. 언제쯤 이 희번덕거리는 칼날을 무디게 할 수 있을까? 언제쯤 내 힘이 아닌 하나님의 힘으로 채울 수 있을까?

같은 채찍으로 상처를 낸다 해도 하나님이 낸 상처는 그것이 환부의 고름을 짜내는 유익한 상처일 터이지만 내가 낸 상처는 도리어 치명상을 주는 그런 무익한 상처뿐일 게다.

아!

내 힘은 아무리 생각해도 속에서 희번덕거린다. 어찌할꼬 이 일을…. ㅜㅜ

하여튼 사명이기에 힘은 반드시 빼러 가야한다. 근데 어디로? 광야로. 그렇다면 지금의 광야는 어디인가? 아마도 하나님과 동등 됨을 포기하신 예수님이 머물렀던 낮아지심의 그 자리가 아닐까! 그 자리, 하나님인 자기 자신을 비워 사람의 모습이 된 그 자리! 모든 것을 뺀 그 자리…, 그러니 저주의 십자가를 기꺼이 지시고 인류를 살리신 것이리라! 힘 빼니 능력의 십자가가 된 것이리라! 죽은 자 살리는 십자가가 된 것이리라!

광야!
광야로 가자. 그리고 힘을 빼자! 그래야 사람을 살린다. 그러지 않으면 선무당 사람 잡는 우스운 꼬락서니 되고 만다.

잊지 말자!
정제된 말씀, 생명의 말씀이라 확신할 그때까지 묵히고 또 묵혀 불쌍한 양떼를 먹이자!
지금은 아직 빼야할 내 힘이 내 속에 넘쳐난다. 살인병기가 넘쳐난다. 안 된다.

"너희 안에 이 마음을 품으라 곧 그리스도 예수의 마음이니, 그는 근본 하나님의 본체시나 하나님과 동등 됨을 취할 것으로 여기지 아니하시고, 오히려 자기를 비워 종의 형체를 가지사 사람들과 같이 되셨고, 사람의 모

양으로 나타나사 자기를 낮추시고 죽기까지 복종하셨으니 곧 십자가에 죽으심이라" (빌2:5~8)

은혜이면 쉽다

몸은 31억 개의 DAN로 만들어져 있다. 그것도 아주 정확하게 연결되어야 몸이 된다.

무신론자는 말한다. 그것은 우연히 된 거라고. 그리고 여전히 원숭이를 자신의 조상으로 붙든다. 웃기다. 31억 개가 우연히? 참 웃기다.

무슨 말인가? 그냥 "하나님이 창조하셨군요." 하면 될 일을 내가 알고 있는 게 틀릴 수 없고 기어코 맞다는 것이다. 해서 죽어라 그것을 붙들고 있는 것이다.

부처가 된단다. 해서 빌고 또 빌고 고행의 또 고행으로 거기에 도달하려고 한다. 모두 실패한다. 하지만 도달할 수 있다는 신념은 절대 놓지 않는다. 웃기다. 안 되는 줄 알면서… 참 웃기다.

무슨 말인가? 그냥 "은혜로 되는 것이지요." 하면 될 일을 다른 이는 모르지만 내가 해보겠다는 것이다. 해서 그것을 붙든 탓에 밤낮 피곤하게 산다.

증명하면 된다. 해보면 된다. 이것이 모두 내 공로여야 하기에 놓지 못하는 자기 의다. 내가 진화론을 공부해 왔고 내가 공덕을 쌓아왔고 내가, 내가 했기에, 거기에 내가 있기에, 결코 놓지 못하는 것이다.

누군가, 강을 건너려 죽을 고생해 뗏목을 만들었다. 해서 강을 건넜다. 그러면 뗏목을 버리고 목적지를 향해 가야 한다. 한데 뗏목을 떠나지 못한다. 무슨 말인가? "이것으로도 강을 건넜구나!"라며 뗏목에서 내려와야 하는데, 내 공로를 버리고 싶지 않기 때문이다.

월급을 받는다. 십일조가 겁난다. 무슨 말인가? 한 달 주신 은혜를 놓고 내 공로를 붙드니 힘든 것이다.
작정기도, 서원기도, 응답 받는다. 약속 이행은 겁난다. 무슨 말인가? 이뤄주신 하나님 아니라 내 공로를 붙드니 아깝고 힘든 것이다.

저기 저 믿음의 조상 노아를 보라! 무려 100년 동안 방주를 만들었다. 노아는 대략 377일 만에 방주에서 나왔다. 무슨 말인가? 내 공로를 붙들었다면 100년 공들인 방주를 놓았겠는가!

잊지 마라!
노아가 방주도 은혜고, 홍수 그친 새로운 땅도 은혜고, 자신은 물론 온 가족 구원 받은 것도 은혜고, 모든 동물 생존도 은혜임을 붙드니 방주를 쉽게 떠난 거다. 즉 은혜로 생각하니 쉽더라는 것이다.

기억 하라!
구약의 사울은 처음부터 그런 사람이 아니었다. 하지만 시간이 흐르면서 은혜를 놓으니 결국 망하는 인생이 된 것이다.

다윗은 어떤가? 죽으나 사나 실패하나 승승장구하나 언제나 은혜를 붙드는 인생 되니 성군되고, 일찍이 하나님 마음에 합한 자 된 모습 그대로를 유지하더라는 것이다.

하늘 백성들이여!
삶, 쉽게 살아라! 은혜 붙들면 쉽다.
공로, 이것은 저주다. 오직 은혜만이 쉽고 복이다.

31억 개의 DNA, 그것은 우연이 아니다. 1개도 10개도 100개도 1,000개도 10,000개도 아니고 31억 개가 우연? 아니다. 절대 아니다. 하나님의 붙드심이다. 할렐루야!

믿음에 관하여 - 초청 잔치를 마치고

4주 동안 초청 잔치를 했다.

개척 이후 처음 치른 전도 잔치다. 그날 날씨 탓인지 아님 목사가 별로라서 그런지 오시는 분들만 바람 불고 비 오고 혹한에도 변함없이 참석했다. 4주 동안 21명이었다.

4주간 어떻게든 복음만 전하려 했다. 물론 뿌리는 것은 우리지만, 차후 거두심에 있어 풍성한 열매가 있었으면 좋겠다. 시종일관 믿음에 관해 전한 메시지가 큰 역사를 일으켰으면 한다.

한데 말씀 준비하다 이런 의문이 들었다. 사람들은 왜 믿는 게 힘들까? 물론 여러 이유가 있겠지만 본문으로 삼은 회당장 야이로의 이야기에서 그 원인을 찾을 수 있었다.

"예수께서 들으시고 이르시되 두려워하지 말고 믿기만 하라 그리하면 딸이 구원을 얻으리라 하시고" (눅8:50)

믿지 못함은 바로 예수님이 지적하신 '두려움' 때문이다.

사람들은 이야기한다. 예수를, 하나님을, 기독교를 믿지 못하겠다고. 그러면서 그 이유를 이렇게 이야기한다. 논리적이지 않다고! 웃긴다. 논리적이지 않다? 무슨 말인가? 이해가 안 된다는 말인데, 미안하지만 기독교는 이해하는 종교가 아니라 그냥 은혜로 믿는 종교인데 참으로 동이 서에서 먼 것 같이 번지수를 잘못 찾아도 한참 잘못 찾은 말이 아닐수 없다.

그러나 사실 그들의 말은 변명에 불과하다. 정작 믿지 못하는 이유를 숨기고 있는 것이다. 바로 예수님이 지적하신 '두려움' 그것을 숨기고 있는 것이다. 믿었다간 결딴날 것 같기에, 혹여 내가 섬기던 신이 노해 가족을, 나를, 사업을 어찌할까 싶어 그런 것이다.

알았다. 믿음의 반대는 두려움이다.

하늘 백성들이여!

당신은 이런 두려움이 없는가? 그래서 믿음이 흔들흔들하지 않는가?

자신을, 하나님을 기만하지 말라! 믿지 못함은 두려움 때문임을 시인하고 두려움과 싸워라.

보라!

성경에 주의 종들을 향해 "두려워하지 말라"라며 얼마나 권면하고 있는가! 무슨 말인가? 두려움이 일을 다 망친다는 것이다. 베드로도 무서워 바다에 빠지고 말았지 않는가!

잊지 마라!

믿음의 반대는 두려움이다. 해서 이렇게 말씀하셨다.

"하나님이 우리에게 주신 것은 두려워하는 마음이 아니요 오직 능력과 사랑과 절제하는 마음이니" (딤후1:7)

성경 전체 366번이나 나오는 두려워하지 말라는 어쩌면 매일 두려움과 싸워야 하는 우리의 삶을 말씀하는 것이리라!

기억하라! 두려워하지 말고 믿·기·만·하·라! 그러면 된다. 그러면 하나님 영광된 삶이 된다.

숨결은 네 것이 아니다

일전에, 지구의 자전 속도와 공전 속도를 이야기하면서 우리 몸이 지구에서 튕겨나가지 않는 것이 기적이라는 이야기를 했다. 그리고 그 속도의 소리가 어마무시 크지만 인간의 가청 주파수가 있기 때문에 그 소리를 듣지 못한다고도 했다. 거기다 혈관의 총 길이가 12만km인데 피가 이 길이를 한 바퀴 도는데 30초 걸린다는 이야기도 했다. 그뿐 아니다. 인간의 몸을 구성하는 DNA가 31억 개가 한 치의 오차 없이 정확하게 조합되어 있다는 것도, 대기 속에 자연스레 공기가 만들어지고 그 공기로 산다는 것도, 하루 5명이 교통사고로만 매일 죽지만 지금 건강하게 산 것도….

이 모두 무슨 말인가?

우리는 날마다 기적으로 산다는 것이다. 무한 감사하며 살아야 한다는 것이다. 하지만 사람들은 그것을 다 잊고 그냥 산다는 것이다. 내가 잘나서….

하나님,

창세기에서 인간을 만드시고 그 코에 생기를 불어넣으셨다. 이때 생기가 히브리어로 '루아흐'다. 성령이 히브리어로 '루아흐'다. 그리고 헬라어로는 '프뉴마'다.

무슨 말인가?

내가 지금 숨 쉬고 있는 것, 나의 숨통을 붙들고 있는 것이 바로 성령

이다. 다시 말해 하나님이시다. 한데 사람들은 그것을 모른다. 내가 잘
나 숨 쉬고 사는 줄 안다. 웃긴다. 하나님이 떠나면 죽는 줄 모르고….

잊지 말라!
하나님은 인간 생명, 너의 생명을 붙들고 계신다. 해서 어제도 살았고
오늘도 살고 내일도 하나님으로 살아갈 것이다.

사랑하는 하늘 백성들이여!
전하라! 세상을 향해 외쳐라! 은혜로 산다고! 그러니 교만하지 말라고!
순간 딸각 저 세상 갈수 있다고! 그러니 빨리 하나님께로 돌아오라고!
돌아와 하나님 붙들라고! 더 늦기 전 창조주 하나님을 기억하라고!

"너는 청년의 때에 너의 창조주를 기억하라 곧 곤고한 날이 이르기 전에,
나는 아무 낙이 없다고 할 해들이 가깝기 전에" (전12:1)

오늘도,
은혜로 살아가는 자여! 어찌 그리 아름다운고! 아마도 너 코로 들락거
리는 숨결인 하나님 때문이리라! 하나님께서 함께 하심 때문이리라! 숨
결은 네 것 아님을 내가 알기 때문이리라!

조바심 갖지 마라! 지금 되고 있다

기도한다.

그러나 얼마 못 간다. 왜? 설마 이루어질까 믿음이 없기 때문이다. 해서 이내 포기하고 기도의 자리를 떠난다. 결국 응답은 없고, 체험도 없어 감격, 능력 없는 삶이 되어 외형은 있지만 속내는 말라비틀어져 신앙의 삶이 날이 갈수록 힘겹다. 하지만 무서워서 영영 떠날 수도 없다. 혹 지옥이라도 있으면 큰일 나니까.

기도의 사람아! 적어도 3일은 눈 딱 감고 기도해 보라! 그러면 된다.

저 요나를 보라! 가야 할 곳으로 가지 않고 반대로 도망갔다. 결국 하나님은 요나를 물고기 뱃속에 집어넣으셨다. 왜? 기도하라고. 얼마 동안? 적어도 3일 동안만은!

보라! 그렇게 기도한 요나에게 무슨 일 있었나? 그렇게 거부한 하나님 말씀을 붙들 수 있었다. 무슨 말인가? 물고기가 토할 때까지 그냥 묵묵히 기도하면 된다. 그러면 말씀 붙드는 삶이 되고 승리의 삶이 된다는 거다.

그런데 한 가지 주목하라! 놀라운 사실을! 기도하는 동안 무슨 일이 있었나? 그렇다. 도망가는 방향과 다른 방향 즉, 하나님이 가라고 하신 방향으로 물고기가 가고 있었다는 거다. 무슨 말인가? 기도하는 동안 이미 하나님은 응답하고 계심을 말한다. 할렐루야!!!

시작이 반이라는 말은 진리와도 같다. 어떻게 그것을 알고 그런 말을 했을까 싶다.

복음서의 열 명의 나병환자들은 말씀을 붙들고 가다가 나음을 받았다. 무슨 말인가? 제사장에게 보이기 전에 이미 하나님께서 역사하고 계셨던 것이다.

"보시고 이르시되 가서 제사장들에게 너희 몸을 보이라 하셨더니 그들이 가다가 깨끗함을 받은지라" (눅17:14)

요셉을 보라!

그의 삶은 질곡의 삶이었다. 하지만 하나님은 이미 13년 뒤 총리 자리를 예비해 두시고 그 길로 가게 하신 거다. 무슨 말인가? 하나님은 응답을 향해 요셉을 가게하신 것이다. 요셉은 그것을 알고 있었기에 어떤 상황에서도 아멘의 삶을 살았지 않았을까! 그의 고백이 수천 년이 지난 오늘도 가슴 뭉클하게 한다. 왜? 부러운 감동의 드라마이기 때문이다.

"당신들이 나를 이 곳에 팔았다고 해서 근심하지 마소서 한탄하지 마소서 하나님이 생명을 구원하시려고 나를 당신들보다 먼저 보내셨나이다. 이 땅에 이 년 동안 흉년이 들었으나 아직 오 년은 밭갈이도 못하고 추수도 못할지라. 하나님이 큰 구원으로 당신들의 생명을 보존하고 당신들의 후손을 세상에 두시려고 나를 당신들보다 먼저 보내셨나니, 그런즉 나를 이리로 보낸 이는 당신들이 아니요 하나님이시라 하나님이 나를 바로에게

아버지로 삼으시고 그 온 집의 주로 삼으시며 애굽 온 땅의 통치자로 삼으셨나이다"(창45:5~8)

무슨 말인가? 여호와 이레의 하나님을 찬양하고 있는 것이다. 이미 주신 하나님을 찬양하고 있는 것이다.

기도가 힘든가? 나도 힘들다. 하지만 그 신비한 맛에 눈을 떠라! 그러면 3일은 거뜬히 기도할 수 있다. 물고기가 토할 때까지 묵묵히 기도할 수 있다. 결국 기도의 승리자 될 수 있다.

잊지 말라!
눈을 감았다면, 제발 될 때까지 눈뜨지 마라! 물고기가 너 토할 때까지 그냥 감고 있어라! 그래야 떡이 되든 밥이 되든 할 게 아닌가! 바보처럼 그것도 못 참고 눈뜬 탓에 죽도 밥도 아닌 망조의 길 가지 말라!

바란다! 제발! 눈뜨지 말고 감고 있어라! 제발!

너, 하늘의 사람아!
조바심 버려라! 물고기는 니느웨로 가고 있다. 밥솥의 밥이 지금 되고 있다. 현재 진행 중이다.

집중력의 강력함을 붙들라

친한 목회자에게 물었다.

설교 준비는 언제 하느냐고? 목회자는 이렇게 답했다. 주일 새벽에 한다고. 놀라서 다시 물었다. 그 이유는? 그때 영성이 가장 강력하다고, 그러면서 "일종의 배수진이지요."라고 했다.

정치인들은 흔히 이런 말을 자주 한다. 루비콘 강을 건넜다. 즉 돌아갈 수 없는 강을 건넜다는 이야기다. 이것 역시 배수진이다.

왕이 부르기 전에 나아가며 "죽으면 죽으리라"라는 에스더의 고백, 이것 역시 배수진이다.

복음서의 귀신 들린 딸아이를 둔 가나안 여인의 "맞습니다. 나는 개입니다."라는 여인의 고백, 이것 역시 배수진이다.

페데리코 모치아의 베스트셀러 소설 『너를 원해』에 나오는 다리를 함께 건너던 연인이 사랑을 고백하며 자물쇠를 채운다. 그리고 여기에 더해 열쇠를 강물에 던지는 것. 이것 역시 배수진이다.

무슨 말인가? 다른 것 없다는 것이다. 다시 말해 집중력을 말한다.

세기의 스승,

피터 드러커의 자기실현 편인 『프로페셔널의 조건』이라는 책에서 프로페셔널은 중요한 일에 집중한다는 것이다. 사람은 그야말로 다목적 기능을 소유한 도구라고 했다. 하지만 사람은 한 가지 일에 집중해야 성공 확률이 높기 때문에 그 다양성은 한 가지 일에 집중시켜야 한다고 했다.

그러면서 프로페셔널은 그런 일을 잘한다는 것이다.

물론 한 번에 여러 가지 일을 할 수 있는 모차르트와 같은 인간도 있다. 하지만 그와 같은 인간은 극히 예외적인 인물이다. 바하, 헨델, 하이든, 베르디와 같은 인물도 다작을 한 사람들이지만 한 번에 한 가지 작곡만 했다. 비록 작곡 중에 다른 악상이 떠오르면 하던 것을 책상에 넣고 새로운 작업을 했다.

펄어비스의 김대일 이사회 의장은 창업 7년 만에 3조 가치의 게임회사를 만들었다. '검은 사막' 오직 한 가지만 붙든 결과다. 세계 최고의 게임 딱 하나 만들어 보겠다는 신념, 어려울 때 "이 게임이 내 인생 마지막 게임이다."라고 올인한 결과다.

무슨 말인가? 집중력의 강력함을 말하는 것이다. 집중하지 않으면 안됨을 말하는 것이다.

너, 하나님의 사람아!

집중하기 위해 버릴 것 버렸는가? 그렇다면 성공은 당신 것이다. 하지만 아직 미적거린다면 안 된다.

잊지 마라! 오직 이것이라고 하지 않는 이상 집중력은 떨어지고 결국 소멸되고 만다. 그러면 여러 가지 붙들고 있는 것까지 모두 폭삭 무너진다. 그러니 빨리 자물쇠를 채우고 열쇠를 강물에 던져라. 돌아갈 길 없는 오직 이것뿐인 상황을 만들어라. 그래야 산다.

바울은 젊을 때 엉뚱한 짓하고 살았지만 나중에 그의 고백 "내가 달려 갈 길을 다 갔다. 그리고 상급 있다."라고 한 것은 그의 삶이 집중의 삶을 살았기 때문이다. 즉 뒤에 있는 것을 놓고 앞에 있는 '푯대'를 향한 삶이었기에 가능했다. 푯대가 무슨 말인가? 집중을 말하는 것이다.

언제까지 실패를 거듭하는 삶을 살 것인가? 안 된다. 그러기 위해선 프로페셔널이 되자! 프로페셔널은 버리는 것을 잘 한다. 그리고 무엇에 집중해야 할지 분명 아는 자다.

하늘 백성이여!
2018년 12월 31일을 바라보라! 그리고 그날 무엇, 어떤 고백을 할 것인지 그려보라! 부디 할렐루야 하길 원한다. 함께 그렇게 하길 원한다.
잊지 마라! 그것은 말씀에 집중할 때만, 하나님께 집중할 때만 가능하다.
무슨 개 소린가! 사람이 먼저가 아니라 하나님이 먼저고 집중이 먼저다! 하늘 향한 집중이 먼저다!

가지 않으면 끌려간다

우린 마28장에 선포된 대로 사명자다. 세상을 향한 복음의 전령자다. 전령자가 누군가? 상부의 지시를 받아 그 지시를 전하는 자다. 다른 것은 없다. 오직 그 소식을 전하는 일 외에 다른 권리는 없다.

그런 요나 어땠나? 도망갔다. 왜? 가기 싫었다. 아니, 하나님 향한 도전이었다.

"하나님 정신이 나갔나요?"

"…."

"하나님 내 맘 압니까?"

"…."

"아시는 분께서 그러시면 안 되죠!"

"…."

니느웨는 앗수르(아시리아) 제국의 수도다. 앗수르 제국이 어떤 나란가? 1,000년간 변방에서 침략 받았던 약소국가였다. 힘없는 나라의 설움을 누구보다 뼈저리게 겪은 민족이다. 해서 인근의 제국(히타이트, 이집트, 바빌로니아(바벨론)이 힘이 약함을 틈타 B.C. 1100년 강력한 제국으로 등장해 그야말로 500년 동안 그동안의 설움을 씻으려 무자비한 정책을 폈다. 죽이고 또 죽였다. 이스라엘과 유다를 징계하실 때, 하나님의 징계의 도구로 쓰임 받았지만 결국 B.C. 722년 예언대로 망하고만 제국이다.

그런 곳에 요나는 갈 수 없었다. 복음을 들고 도저히 갈 수 없었던 것이다. 얼마나 아팠으면… 안다. 천 번 만 번 그의 마음을 안다, 하지만 사명자는 내가 할 말이 없다. 그냥 가야할 뿐이다. 한데 요나는 도망가다 결국 끌려왔다 꼴사납게.

사실 우리도 가기 싫은 곳이 있다. 그곳이 니느웨다. 하지만 그곳에 가야한다. 우리를 아프게 하는 사람, 그 사람이 니느웨다. 하지만 그 사람을 만나야 한다. 우리를 힘들게 하는 상황, 그 상황이 니느웨다. 하지만 그 상황과 맞닥뜨려야 한다. 우리를 도망케 하는 그 무엇이 있다. 그 무엇이 모두 다 니느웨다. 하지만 만나야 하고 부대껴야 하고 맞닥뜨려야 한다. 도망가서는 안 된다. 왜? 이미 전령자, 사명자이기 때문이다. 끌려가서는 안 되는 그런 자이기 때문이다.

작정했다면, 그들의 말을 다시 상고하자! 갈렙과 여호수아의 말이다.

"그들은 우리 밥이라" (민14:9)

잊지 마라!

우린 명령 받은 전령자임을! 그냥 묵묵히 산 넘고, 물 건너야 하는 그런 자임을! 손에 복음 든 자임을! 복된 발걸음을 해야 하는 자임을! 가기 싫은 곳도 반드시 가야하는 자임을! 니느웨로 가야 하는 자임을! 하나님 말씀이 있어야 하는 그곳으로 가야 하는 자임을! 가지 않으면 끌려가야 하는 자임을!

점검하고 또 점검하라

1986년 1월 28일,

미국 유인 우주왕복선 챌린저호가 발사 1분 13초 만에 폭발했다. 왜? 나사의 발표는 이랬다. 작은 고무패킹 때문이라고!

수만 가지 부품들 그중 아주 작고 존재감 없는 고무패킹, 그것이 순식간에 모든 것을 날려 버렸다. 조금 더 점검만 했더라도… 무슨 말인가? 아무리 웅장한 그 무엇이라도 정작 작은 것 하나에 무너짐을 말한다.

여리고 철옹성이다. 그 철옹성을 7일 만에 그냥 무너뜨렸다. 이스라엘 백성들이 한 것은 없다. 하지만 그들은 능력의 무리였다. 거룩한 무리. 하나님께서 함께 하심의 정결한 무리. 그들은 완전체였다. 하지만 다음 아이성에서 패배했다. 아이성이 얼마나 하찮아 보였으면 다 올라가지 말자고 했을까! 그런 아이성에서 패배했다. 왜? 점검의 부재 때문이었다. 아간의 범죄를 제거했어야 했다.

여리고에서의 전리품은 수만 가지였을 터, 아간이 숨긴 외투 한 벌, 은 이백 세겔, 오십 세겔의 금덩이 하나가 작은 양은 아니나, 여리고의 전리품에서 얼마나 되겠는가! 하지만 그것 때문에 망한 것이다.

승승장구하며 거침없는 하이킥을 날릴 것으로 여겼던 모두, 그러나 되레 역 하이킥에 깜놀! 조금 더 점검했더라도, "하나님 나아갈까요?" 하고 잠깐 기도했더라도…

일전에 자동차 배터리 방전으로 곤욕을 치렀다. 방금까지 잘 달렸던 자동차. 근데 배터리 방전이라고 했다. 오래 돼 새것으로 교체해야 했다. 그런데 그 다음이 문제였다. 충전기 역할을 하는 제네레다가 고장이었다. 다시 말해 배터리 문제가 아니라 전기 충전장치가 문제였던 것.

무슨 말인가?

당장 잘 달리니 아무 문제없는 듯했지만 그것은 배터리의 에너지를 마지막까지 써버린 어리석은 일이었다. 충전은 되지 않는데 그것도 모르고… 연식이 오래된 차라 점검 또 점검했다면….

살전 5:17, 쉬지 말고 기도하라! 여기 '쉬지 말고'의 단어 뜻이 '계속하다, 영원까지'라는 뜻의 단어다. 그리고 여기 '기도하라'의 단어 뜻도 단순히 기도가 아니라 쉬지 말고를 한 번 더 강조한 단어 '계속 기도하라'는 뜻의 단어다.

무슨 말인가?

죽으나 사나 기도하라는 것이다. 마치 제네레다에서 전기가 생산돼 배터리에 계속 충전되듯 그렇게 하라는 것이다. 충전이 되는지 그렇지 않은지 계속 점거하고 또 하라는 말이다.

하늘 사람들이여!

전선이 끊어지면 전기가 공급되지 않는다. 기도가 뭔가? 전선이다. 하나님의 에너지가 공급되는 통로다. 끊어지면 안 된다. 점검하라!

잊지 마라! 수년간 신앙생활로 나는 하나님의 은혜가 언제나 채워져 있다고 교만하지 마라! 왜 그런가? 점검하지 않으면 제네레다 고장처럼 에너지가 공급되지 않아 서서히 방전될 수 있기 때문이다. 이내 무너지고 말기 때문이다, 이내 돌이키지 못할 무너짐에 봉착하고 말기 때문이다.

주님,

곧 오신다고 하셨다. 고장으로 버림받을까 두렵고 떨림으로 준비하라. 그래서 쉬지 말고 기도하라 했다. 그래서 항상 기뻐하라 했다.

기억하라!

성경, 그냥 그렇게 심심해 써둔 것이 아니다. 당신을 살리기 위함이다. 물어라! 전기가 공급되고 있는지를! 기도의 통로가 뻥 뚫려 있는지를! 점검하고 또 점검하고 있는지를!

아하! 맞다고만 하지 말라!
우리 삶의 실패는 어디에서 비롯되나?
그렇다.
모르기 때문이 아니다. 안다. 모두 다 안다.
하지만
그 아는 것이 머릿속 관념으로만 머물기 때문이다.
그래서
실패하고 또 실패한다.

해서
야고보 기자는 발끈하며 행위가 없는 삶, 믿음은 죽은 것이라고까지
했다.

또, 또, 또!
신학적으로 따지려 한다.
그러니
언제나 실패하지!

신학적으로 따지지 말라!

그런 문제가 아니다.

단지, 문제의 핵심은 깨닫고도 당장 삶을 살지 않는 당신의 게으른 삶이 핵심이다.

책의 부제가

원리를 붙드는 삶이다.

그렇다.

깨달았다면 그렇게 살 일이다.

그러면 살고 죽지 않는다.

잊지 말라!

문제는 원리를 모르는 것이 아니라 그것을 붙들지 않는 나의 삶이다.

나의 불순종이다.

기억 하라!

불순종, 다시 광야를 돌고 돈다.

가나안 입성을 목전에 두고 비참히 돌아서야 한다.

죽고 또 죽어야 한다.

"너희의 자녀들은 너희 반역한 죄를 지고 너희의 시체가 광야에서 소멸되기까지 사십 년을 광야에서 방황하는 자가 되리라" (민14:33)

하늘 묵상

초판 1쇄 인쇄 2018년 09월 11일
초판 1쇄 발행 2018년 09월 17일
지은이 전흥웅

펴낸이 김양수
편집·디자인 이정은
교정교열 박순옥

펴낸곳 도서출판 맑은샘
출판등록 제2012-000035
주소 경기도 고양시 일산서구 중앙로 1456(주엽동) 서현프라자 604호
전화 031) 906-5006
팩스 031) 906-5079
홈페이지 www.booksam.kr
블로그 http://blog.naver.com/okbook1234
이메일 okbook1234@naver.com

ISBN 979-11-5778-334-2 (03230)